Vorwort

Dieser Erläuterungsband zu Franz Kafkas Prosastücken wendet sich sowohl an Schüler[1] und Studenten als auch an Unterrichtende.

Die hier behandelten Prosastücke hat der Autor selbst zu seinen Lebzeiten autorisiert und in Druck gegeben.

Die Erzählung ***Die Verwandlung*** hat dabei wegen ihrer literarischen Schlüsselstellung in Kafkas Gesamtwerk eine besondere Bedeutung.

Die Erzählung ***Ein Bericht für eine Akademie*** wurde wegen des Motivs „Schuld und Strafe" ausgewählt, welches eine zentrale Rolle in Kafkas Werk spielt.

Die kleinen Geschichten ***Ein Bericht für eine Akademie, Ein Hungerkünstler, Eine kaiserliche Botschaft*** und ***Ein altes Blatt*** wurden auf Grund ihrer Erzählstruktur und sprachlichen Genauigkeit ausgewählt. Sie sind ein Vorbild für deutschsprachige Kurzprosa, denn sie sind sprachlich überaus präzise und detailgenau. Jedoch ist diese Genauigkeit gemischt mit einer gewissen Unschärfe. Es wird behauptet, und die Behauptungen werden alsbald wieder entkräftet. Dadurch ist eine Interpretation schwierig.

Der Leser soll zu einer vertieften Textrezeption angeregt werden. Dabei wird die Kenntnis der Primärtexte vorausgesetzt. Textzitate sollen lediglich als Gedächtnisstütze dienen.

Bei den genannten Texten spielt der Entstehungshintergrund eine wichtige Rolle, da Kafka in seinen Texten häufig seine eigene Biografie und aktuelle Lebenssituation verarbeitet hat. Deshalb wird ein Überblick über Kafkas Biografie und über die Entstehungszeit der Erzählungen gegeben.

---

1 Der Einfachheit halber wird durchgängig die maskuline Form gewählt. Leserinnen sollen sich damit gleichermaßen angesprochen fühlen!

Erläuternde Zusatzinformationen finden sich in den zahlreichen Fußnoten bzw. innerhalb der Zitate. Ferner gibt das Literaturverzeichnis Hinweise zu weiterführender Sekundärliteratur und anderen Medien zu Kafka und seinen Werken.
Es werden verschiedene Interpretationsansätze zu den fünf Kurzgeschichten vorgestellt, die eine Hilfestellung innerhalb des Verstehensprozesses bei der Textlektüre geben und ferner zu kontroversen Diskussionen innerhalb der Lerngruppe anregen sollen.
Zudem enthält dieser Band ein Kapitel mit verschiedenen Aspekten zur weiterführenden Arbeit mit den vorgestellten Kurztexten.
Es sollen mit dem vorliegenden Band vor allem Deutschkurse der gymnasialen Oberstufe angesprochen werden. Kafkas Erzählungen können allerdings auch im Pädagogik-, Literatur- oder Philosophieunterricht als Grundlage zum Unterrichtsgespräch dienen.
Insgesamt sollen die Materialien zu einer tiefer gehenden Auseinandersetzung mit den Werken und der Person Kafkas anregen.
Die Leser von Kafkas Kurzprosa sollten nicht nur **einen** Sinn hinter den Erzählungen zu finden versuchen, sondern offen sein für unterschiedliche Deutungsmuster. So hat es der Autor selbst intendiert.
In diesem Sinne soll dieses Buch als Hilfe bei der Entschlüsselung von Kafkas Kurzprosa verstanden werden.
Textgrundlage der Erläuterung ist: Franz Kafka. *Die Erzählungen.* Fischer Taschenbuch Verlag. Frankfurt am Main 2001 (6. Auflage).

1. Franz Kafka: Leben und Werk

1.1 Biografie

Jahr	Ort	Ereignis	Alter
3. Juli 1883	Prag	**Geburt** als ältestes Kind des Kaufmanns Hermann Kafka **(1852–1931)** und dessen Frau Juli, geb. Löwy (1856–1934). Seine Geschwister waren Georg (geb. **1885**, starb 15 Monate später), Heinrich (**1887**, starb 6 Monate nach der Geburt), Gabriele, genannt Elli **(1889–1941)**, Valerie, genannt Valli **(1890–1942)** und Ottilie, genannt Ottla **(1892–1943)**.	
1889–1893	Prag	Besuch der „**Deutschen Knabenschule** am Fleischmarkt"	6–10
1893–1901	Prag	Besuch des humanistischen „Staatsgymnasiums mit deutscher Unterrichtssprache in Prag-Altstadt"	10–18
1901	Norderney/ Helgoland	Nach dem Abitur Ferien mit Onkel Siegfried auf den Nordseeinseln Norderney und Helgoland	18

Jahr	Ort	Ereignis	Alter
Herbst 1901	Prag	Beginn des Studiums; zuerst zwei Wochen lang Chemie und dann Wechsel zur juristischen Fakultät. Zusätzlich Besuch kunstgeschichtlicher Vorlesungen	18
Sommersemester 1902	Prag	Beginn des Germanistikstudiums	19
	Liboch Triesch	Sommerferien in Liboch und Triesch	
	München	Reise nach München, wo Kafka den Plan fasste, weiter Germanistik zu studieren.	
Wintersemester 1902	Prag	Fortsetzung des Jurastudiums in Prag. Erste Begegnung mit Max Brod[2], seinem Förderer und langjährigen Freund	19
1903	Prag	Ablegung einer rechtshistorischen Staatsprüfung	20
	Dresden Südböhmen	Aufenthalt in einem Naturheilsanatorium in der Nähe von Dresden und danach in Südböhmen	
	München	Reise nach München	

2 Brod, Max: geboren am 27. 05. 1884 in Prag, gestorben am 20. 12. 1968 in Tel-Aviv/Jaffa. Der Schriftsteller emigrierte 1939 nach Tel-Aviv, war ein enger Vertrauter Kafkas und gab dessen Werk posthum heraus. Er schrieb kulturphilosophische Aufsätze, historische Romane, Novellen, Liebesromane und religiöse Gedichte. 1937 verfasste er eine Biografie über Franz Kafka.

Jahr	Ort	Ereignis	Alter
1904	Prag	Beginn mit der Arbeit an *Beschreibung eines Kampfes*	21
1905	Zuckmantel	Erste Liebe in einem Sanatorium in Zuckmantel. Beginn regelmäßiger Treffen mit den Freunden Oskar Baum, Felix Weltsch und Max Brod	22
1906	Prag	Beginn eines Volontariats in einer Kanzlei 18. Juni: Promotion zum Doktor jur.	23
	Zuckmantel	Ferien in Zuckmantel Beginn eines Praxisjahres, zunächst im Land- und dann im Strafgericht Verfassen der *Hochzeitsvorbereitungen auf dem Lande.*	
1907	Triesch Prag	Sommer in Triesch Ab Oktober Beginn als Aushilfe mit der Arbeit in den „Assicurazioni Generali“ in Prag	24
1908	Prag	Erste Veröffentlichung (Acht Prosastücke aus dem späteren Band *Betrachtung* wurden in der von Fritz Blei herausgegebenen Zeitschrift *Hyperion* abgedruckt.)	25

Jahr	Ort	Ereignis	Alter
		Juli: Beginn der Arbeit als Aushilfsbeamter bei der Arbeiterunfallversicherungsanstalt für das Königreich Böhmen in Prag (Dienst täglich von 8–14 Uhr). Engere Freundschaft mit Max Brod (Beide machten viele Ausflüge oder besuchten Kaffeehäuser oder Theater.)	
1909	Riva Prag	Reise der Freunde Franz Kafka, Max und Otto Brod nach Riva am Gardasee (Dort entstand *Aeroplane in Brescia*.) Viele Dienstreisen Beginn des Schreibens seiner *Tagebücher*	26
1910	Prag	Beförderung Besuch von Wahlversammlungen und sozialistischen Massenveranstaltungen Kontaktaufnahme zu jüdischen Schauspielern Besuche von Vortragsabenden im Hause Fanta	27
	Paris	Ferien mit Max und Otto Brod in Paris	

Jahr	Ort	Ereignis	Alter
1911	Oberitalien	Zahlreiche Dienstreisen	28
	Paris	Ferien mit Max Brod in Oberitalien und in Paris	
	Zürich	Eine Woche in einem Naturheilsanatorium bei Zürich	
		Mit dem Geld seines Vaters Teilhaber an der Asbestfabrik seines Schwagers Karl Hermann	
		Beginn einer tiefen Freundschaft mit dem jüdischen Schauspieler Jizchak Löwy	
		Intensive Beschäftigung mit der jüdischen Religion. Schreiben der ersten Fassung des *Verschollenen* („Amerika")	
1912	Weimar	Reise nach Weimar mit Max Brod	29
	Harz	Drei Wochen in einem Naturheilsanatorium im Harz	
		Zusammenstellung seines ersten Buches *Betrachtung* im August	
		Erstes Treffen mit seiner späteren Verlobten Felice Bauer	
		September: Verfassen von *Das Urteil*	
		Oktober: Selbstmordgedanken, weil die Familie Kafka zur Beaufsichtigung der von ihm verhassten Asbestfabrik zwingen wollte.	

Jahr	Ort	Ereignis	Alter
		November/Dezember: Verfassen von *Die Verwandlung* Erscheinen der zweiten Fassung des *Verschollenen* Erscheinen des Buches *Betrachtungen* Beförderung zum Vizesekretär Besuche bei seiner Freundin Felice Bauer	
1913	Prag Wien	Gartenarbeiten im „Pomologischen[3] Institut“ bei Prag zur Ablenkung von seiner rein geistigen Arbeit. Reise nach Wien mit Direktor Marschner zum „Internationalen Kongress für Rettungswesen und Unfallverhütung“	30
	Venedig Verona Desenzano Riva	Von Wien alleinige Weiterreise über Triest, Venedig, Verona und Desenzano nach Riva, wo er in einem Sanatorium die Zeit mit der Schweizerin Gerti Wasner verbrachte. Erscheinen von *Der Heizer* Bekanntschaft mit Grete Bloch	

3 Pomologie: Lehre vom Obst/Obstkunde

Jahr	Ort	Ereignis	Alter
1914	Berlin	Offizielle Bekanntgabe der Verlobung mit Felice Bauer am 1. Juni in Berlin Entlobung am 12. Juli in Berlin	31
	Marielyst	Reise mit Ernst Weiß in das dänische Ostseebad Marielyst Zwei Umzüge Fertigstellung des Romans *Der Prozess* und der Erzählung *In der Strafkolonie*	
1915	Prag	Erstes Wiedersehen mit Felice Ab März eigene kleine Wohnung April: Reise nach Ungarn mit seiner Schwester Elli	32
	Rumburg	Juli: Sanatorium bei Rumburg Carl Sternheims[4] Weitergabe der mit dem Fontanepreis verbundenen Geldsumme an Kafka zur Bezeugung seiner Hochachtung Erscheinen von *Die Verwandlung*	
1916	Marienbad	Zehn Tage in Marienbad mit Felice Bauer Erscheinen der Erzählung *Das Urteil*	33

4 Sternheim, Carl: geboren am 01. 04. 1878 in Leipzig, gestorben am 03. 11. 1942 in Basel. Der deutsche Dramatiker gründete 1908 die Zeitschrift Hyperion. Sternheim karikiert in seinen grotesken, expressionistischen Werken die bürgerliche Gesellschaft des Wilhelminischen Zeitalters.

Jahr	Ort	Ereignis	Alter
	München	Erste öffentliche Lesung in München	
	Prag	Ab November Wohnen in einem gemieteten kleinen Häuschen in der Alchimistengasse Entstehung der *Landarzt*-Erzählungen	
1917	Prag	Wohnung im Schönborn-Palais Intensivierung seiner Studien zur jüdischen Sprache und Kultur	34
	Budapest	Reise mit Felice zu ihrer Schwester nach Budapest im Juli Zweite Verlobung mit Felice Schwerer Blutsturz im August/ Beginn seiner Lungentuberkulose	
	Zürau	Umzug zu seiner Schwester Ottla nach Zürau im September Entlobung mit Felice im Dezember	
1918	Prag	Widmung körperlicher Arbeit zur Erholung von seinem geistigen Schaffen Wiederaufnahme der Arbeit bei der Versicherungsanstalt	35
1919	Prag	Verlobung Kafkas mit Julie Wohryzek	36

Jahr	Ort	Ereignis	Alter
		Erscheinen von *In der Strafkolonie* und des autobiografischen *Brief an den Vater*	
1920	Prag	Beförderung zum „Anstaltssekretär“	37
		Verfassen der *Er-Aphorismen* und vieler *Erzählungen* Erscheinen der Erzählung *Ein Landarzt* Entlobung mit Julie Wohryzek	
	Matliary	Ab Dezember Aufenthalt im Sanatorium in Matliary (Hohe Tatra) bis zum Herbst 1921 Vertiefung der Freundschaft zu Robert Klopstock Oktober: Übergabe sämtlicher Tagebücher an seine Freundin Milena Jesenska, mit der er in regem Briefwechsel stand	
1922	Prag	Beginn des Romans *Das Schloss* und der Erzählung *Ein Hungerkünstler* Beförderung zum „Obersekretär“ vor seiner Pensionierung im Juni	38

Jahr	Ort	Ereignis	Alter
1923		Plan zur Übersiedelung nach Palästina (wurde nicht in die Tat umgesetzt) Freundschaft mit Dora Diamant	39
	Berlin	Ende September Umzug zu Dora nach Berlin Entstehung von *Eine kleine Frau* und *Der Bau.*	
	Prag	Umzug nach Prag Er schrieb dort *Josefine, die Sängerin.* Gesundheitlich ging es mit Kafka immer mehr bergab.	
	Kierling	Ab April verbrachte er seine Zeit im Sanatorium Hoffmann in Kierling bei Klosterburg. Seine engsten Freunde Robert Klopstock und Dora Diamant standen ihm dort bis zu seinem Tod am 3. Juni zur Seite. Die Beerdigung fand in Prag statt, der Stadt, *„die er hasste und liebte, die er immer verlassen wollte, die ihn doch festhielt und deren Welt er zurückhaltend aber genau registrierte, ihre gefährliche Vielfalt und ihre Fremdheit, die manch Züge moderner Fremdheit tragen mochte.“*[5]	

5 Wagenbach, Klaus: *Kafka*, Rowohlts Bildmonographie, Rowohlt Taschenbuch Verlag, Reinbeck bei Hamburg, 32. Aufl. 1997, S. 135

Kafka war sehr bescheiden und kritisch im Umgang mit seinen eigenen Texten, welche er nur zögernd zur Veröffentlichung freigab.
Nach Kafkas Tod fand sein Freund und Nachlassverwalter Max Brod sogar ein Schreiben, in welchem der Autor verfügt, sein Gesamtwerk solle vernichtet werden:

> *„Liebster Max, meine letzte Bitte: Alles, was sich in meinem Nachlass (also im Buchkasten, Wäscheschrank, Schreibtisch, zu Hause und im Büro, oder wohin sonst irgend etwas vertragen worden sein sollte und Dir auffällt) an Tagebüchern, Manuskripten, Briefen, fremden und eigenen, Gezeichnetem und so weiter findet, restlos und ungelesen zu verbrennen, ebenso alles Geschriebene oder Gezeichnete, das Du oder andre, die du in meinem Namen darum bitten sollst, haben. Briefe, die man dir nicht übergeben will, soll man wenigstens selbst zu verbrennen sich verpflichten."*[6]

So haben wir also die Rettung von Kafkas umfangreichem Meisterwerk Max Brod zu verdanken, welcher Kafkas letztem Willen nicht nachkam.

6 Heller, Erich u. a. (Hrsg.): *Franz Kafka. Über das Schreiben*, S. 153

1.2 Zeitgeschichtlicher Hintergrund

Die Fremdheit und die Entfremdung Kafkas von der ihn umgebenden Welt spiegelt sich in seinem gesamten Werk wider. Obwohl es Kafka immer wieder in seine Heimatstadt Prag zog und er die meiste Zeit seines Lebens dort verbrachte, fühlte er sich nie ganz heimisch.
Das Leben Kafkas ist bis heute nur ansatzweise bekannt, da es wenig spektakulär verlief.
Aber nicht nur die Unauffälligkeit des Lebens Kafkas ist für die unzureichenden biografischen und auch werkimmanenten Hintergrundinformationen verantwortlich, sondern besonders die politischen Vorkommnisse in den Jahren 1933–1945:

> *„Sie betrafen vorerst das Werk: Anfang der dreißiger Jahre beschlagnahmte die Gestapo*[7] *bei einer Durchsuchung der Berliner Wohnung Dora Diamants (der Freundin des letzten Lebensjahres) ein Konvolut Manuskripte – es muss als verloren gelten; die erste, 1935 begonnene Gesamtausgabe wurde zunächst behindert, dann verboten. Viel schlimmere Folgen hatte die Besetzung der Tschechoslowakei durch die Nazis: die drei Schwestern wurden in ein Konzentrationslager deportiert und dort ermordet – ein Schicksal, das viele Freunde und Verwandte teilten. Archive wurden vernichtet, Dokumente gingen verloren, Zeugen seines Lebens wurden getötet.“*[8]

---

7 Gestapo: Abkürzung für die Geheime Staatspolizei im nationalsozialistischen Deutschland. Zur Entdeckung und Verfolgung aller Handlungen, welche das NS-Regime als politische Verbrechen definierte und als „vorbeugende Maßnahme“ gegen tatsächliche oder angebliche Gegner des Nationalsozialismus konnte die Gestapo Schutzhaft in Gefängnissen und Konzentrationslagern verhängen, Gefangene foltern und hinrichten. Sie war maßgeblich an der Massenvernichtung der Juden beteiligt.

8 Rowohlts Bildmonografie, *Franz Kafka*, S. 9/10

Prag als Zentrum der deutschen Literatur

Prag, die alte Hauptstadt Böhmens, war noch vor wenigen Jahrzehnten ein Ort mit hoher Bedeutung für das deutsche Geistesleben. Prag war seit 1918 Hauptstadt der Tschechoslowakei und galt als Zentrum der deutschen Literatur, welches vom historisch gewachsenen Miteinander diverser ethnischer und kultureller Traditionen lebte; nämlich zunächst von der tschechischen und der deutschen, aber ebenfalls von der jüdischen und österreichischen.
Durch den Einmarsch der deutschen Truppen im Jahre 1939 wurde diese kulturell fruchtbare Mischung endgültig zerstört und damit auch die für Prag typische Weltoffenheit.
Diese Weltoffenheit zeigte sich zu Kafkas Lebzeiten in diversen Literaturzirkeln.
Mit Rilke[9], Brod, Kafka und Werfel gewann die deutsche Literatur aus Prag Weltgeltung:

> *„Das deutsche Wort hatte in Prag über die Literatur hinaus eine durchaus öffentliche Wirkung, denn ihm standen Theater und eine lebendige Publizistik zur Verfügung. [...] M.* [Max] *Brod knüpfte viele seiner Beziehungen als Theater- und Musikkritiker des ‚Prager Tagblatts'. Freundschaftliche Bindungen bestanden auch zu sudetendeutschen[10] Dichtern [...]"*[11]

9 Rilke, Rainer Maria: geboren am 04. 12. 1875 in Prag, gestorben am 29. 12. 1926 in Val-Mont bei Montreux. Der österreichische Dichter gilt als einflussreichster deutschsprachiger Dichter der ersten Hälfte unseres Jahrhunderts. Bis heute ist die zyklische Prosadichtung *Die Weise von Liebe und Tod des Cornetts Christoph Rilke* (1906) von besonderer Anziehungskraft und Breitenwirkung.

10 Sudetendeutsche: Seit 1919 gilt diese Bezeichnung für die deutsche Volksgruppe in der Tschechoslowakei, die größtenteils im Sudetenland lebte, einem Areal in Böhmen, Mähren und Schlesien.

11 *dtv-Atlas zur deutschen Literatur*, S. 243

1.3 Angaben und Erläuterungen zu wesentlichen Werken

Im Folgenden werden in chronologischer Abfolge die Erstausgaben von Kafkas wichtigsten Erzählungen und Romanen mit dem jeweiligen Erscheinungsort und Verleger bzw. Verlag genannt:

- **1912** *Betrachtung*, Leipzig, Ernst Rowohlt
- **1913** *Der Heizer*, Leipzig, Kurt Wolff
- **1915** *Die Verwandlung*, Leipzig, Kurt Wolff
- **1916** *Das Urteil*, Leipzig, Kurt Wolff
- **1919** *In der Strafkolonie*, Leipzig, Kurt Wolff
- **1920** *Ein Landarzt. Kleine Erzählungen*, München/Leipzig, Kurt Wolff
- **1924** *Ein Hungerkünstler. Vier Geschichten*, Berlin, Verlag „Die Schmiede"
- **1925** *Der Prozess*, Berlin, Verlag „Die Schmiede", hrsg. von Max Brod
- **1926** *Das Schloss*, München, Kurt Wolff, hrsg. von Max Brod
- **1931** *Beim Bau der chinesischen Mauer*, Potsdam, Gustav Kiepenheuer, hrsg. von Max Brod, Erzählungen und Prosa aus dem Nachlass
- **1935** *Vor dem Gesetz*, Berlin, Schocken, zusammengestellt von Heinz Politzer

Kafka begann etwa 1897/1898, also bereits als Jugendlicher mit etwa fünfzehn Jahren, zu schreiben. Seine Frühwerke hat Kafka allerdings später vernichtet, weil sie ihm zu „schwulstig" erschienen.

Seine späten Werke handeln von Urteil, Strafe und Prozess. Für die Wahl dieses Themenkreises machte und macht man den Einfluss der Gedankengänge des Philosophen Kierkegaard[12] verantwortlich.
Allerdings erschienen *Das Urteil* und *Die Verwandlung* bereits vor Kafkas Lektüre der Werke Kierkegaards.
Einen besonderen Einfluss auf Kafka hatte die Denkweise des Philosophen Franz Brentano[13]:

> *„Brentano teilte die psychischen Phänomene in die drei Grundklassen der ‚Vorstellungen', ‚Urteile' und ‚Gemütsbewegungen' ein. Dabei trägt die Entscheidung für ein als ‚richtig erkanntes sittliches Verhalten' allein das Urteil, weil in der* [...] *Theorie Brentanos die Vorstellungen und Gemütsbewegungen als Grundlage sittlichen Verhaltens nicht genügend zu begründen waren. Voraussetzung für diese Autonomie* [Eigenständigkeit] *des Urteils war die rigorose Selbstanalyse. Auch sie findet sich bei Kafka in dieser Zeit zum ersten Male (1904).* [...] *Zweifellos haben die Gedankengänge Brentanos Kafka beeinflusst, zumal er nach der Universitätszeit nur noch selten Philosophisches las, spätere Eindrücke diese frühen also kaum mehr überdeckten."*[14]

---

12 Kierkegaard, Sören: geboren am 05. 05. 1813 in Kopenhagen, ebenda am 11. 11. 1855 gestorben. Der dänische Schriftsteller, Theologe und Philosoph vertrat einen radikalen Individualismus. Dieser brachte ihn 1841 dazu, seine Verlobung zu lösen und jegliche berufliche Tätigkeit abzulehnen. Fast sein gesamtes Werk ist in Anlehnung an den griechischen Philosophen Sokrates in Dialogform verfasst. Häufig benutzte Kierkegaard Pseudonyme. Zentrale inhaltliche Aspekte seines Gesamtwerks sind Existenz und Angst, denen Freiheit und Entscheidung zugeordnet sind. Die sich einstellende Angst, vor der Wahl der Möglichkeiten allein zu sein, macht dem Individuum die Grenzen seiner Freiheit bewusst und führt zur Erfahrung, dass ein endgültiger Aufstieg aus Angst und Verzweiflung nur durch Gottes Gnade möglich ist.

13 Brentano, Franz: geboren am 16. 01. 1838 in Marienberg im Rhein-Lahn-Kreis, gestorben am 17. 03. 1917 in Zürich. Der deutsche Philosoph und Psychologe war einst als Priester tätig, trat aber 1873 aus Protest gegen Lehrentscheidungen aus der katholischen Kirche aus. Brentano knüpfte die Grundlagen für die Phänomenologie, indem er psychische Phänomene als etwas außerhalb des Bewusstseins Liegendes betrachtete. Ferner untersuchte Brentano die Logik der Sprache.

14 Rowohlts Bildmonographie, *Franz Kafka*, S. 45

Das Schreiben ließ Kafka nicht mehr los

Das Schreiben ließ Kafka von da an sein Leben lang nicht mehr los. Es war ihm wichtiger als alles andere. Der Beruf und zwischenmenschliche Beziehungen traten hinter dem Schreiben zurück, so war Kafka die Berufswahl im Grunde genommen gleichgültig. Die Hauptsache war, dass ihm sein Beruf genügend Zeit zum Schreiben ließ und dass er finanziell unabhängig vom Elternhaus war. So war die Arbeit in der „Assicurazioni Generali", die Kafka 1907 annahm, eine Notlösung, denn er hatte dort einen acht- bis neunstündigen Arbeitstag.

Während des Dienstes setzte Kafka mit dem Schreiben vollständig aus. Er hatte nicht die nötige Zeit und Muße, sich nach einem anstrengenden Arbeitstag noch an den heimischen Schreibtisch zu setzen. Deshalb bemühte sich Kafka um eine weniger zeitaufwändige Stelle. Schon nach einem Dreivierteljahr wechselte Kafka zur „Arbeiter-Unfall-Versicherungs-Anstalt für das Königreich Böhmen", wo er bis zu seiner Pensionierung im Jahre 1922 arbeitete. Hier musste Kafka nur bis 14 Uhr arbeiten.

Seine Entwürfe diktierte Kafka einem Angestellten der Versicherungsanstalt, der sie mit Schreibmaschine schrieb.

Durch eine beeindruckende Kräftekonzentration entstanden im Herbst des Jahres 1912 Kafkas erste Hauptwerke, nämlich ein Großteil des Romans *Der Verschollene (Amerika)* und die beiden Kurzgeschichten *Das Urteil* und *Die Verwandlung*.

Kafkas Leben war durchzogen von extrem kreativen Schaffensphasen und von langen Phasen, in denen er gar nicht schrieb. In einem Brief an seinen Freund Max Brod aus dem Jahre 1922 sagte Kafka über das eigene schriftstellerische Schaffen:

> *„Das Schreiben erhält mich, aber ist es nicht richtiger zu sagen, dass es diese Art Leben erhält? Damit meine ich natürlich nicht, dass mein Leben besser ist, wenn ich nicht schreibe. Vielmehr ist es dann viel schlimmer und ganz unerträglich und muss mit dem Irrsinn enden. Aber das freilich nur unter der Bedingung, dass ich, wie es tatsächlich der Fall ist, auch wenn ich nicht schreibe, Schriftsteller bin, und ein nicht schreibender Schriftsteller ist allerdings ein Irrsinn herausforderndes Unding. Aber wie ist es mit dem Schriftstellersein selbst? Das Schreiben ist ein süßer wunderbarer Lohn, aber wofür? In der Nacht war es mir mit der Deutlichkeit kindlichen Anschauungsunterrichtes klar, dass es der Lohn für Teufelsdienst ist. Dieses Hinabgehen zu den dunklen Mächten, diese Entfesselung von Natur aus gebundener Geister, fragwürdige Umarmungen und was alles noch unten vor sich gehen mag, von dem man oben nichts mehr weiß, wenn man im Sonnenlicht Geschichten schreibt. Vielleicht gibt es auch ein anderes Schreiben, ich kenne nur dieses; in der Nacht, wenn mich die Angst nicht schlafen lässt, kenne ich nur dieses. […] Was der naive Mensch sich manchmal wünscht: ‚Ich wollte sterben und sehn, wie man mich beweint', das verwirklicht ein solcher Schriftsteller fortwährend, er stirbt (oder er lebt nicht) und beweint sich fortwährend.“*[15]

Freunde und Familie zweitrangig

Seine Freunde und seine Familie waren zweitrangig im Leben Kafkas. Die Sehnsucht zu schreiben dominierte sein gesamtes Dasein.
1915 begannen die Arbeiten Kafkas einen größeren Leserkreis zu interessieren. Im Spätherbst gab Carl Sternheim als Zeichen der Anerkennung den ihm verliehenen Fontane-Preis an Kafka weiter.
Im November 1915 erschien *Die Verwandlung* und 1916 *Das Urteil.*

15 Rowohlts Bildmonographie, *Franz Kafka*, S.78/79

1916 fand die zweite und letzte öffentliche Lesung Kafkas statt. Er trug in München die Erzählung *In der Strafkolonie* vor. Die dort erfahrene Anerkennung gab ihm Mut, sich intensiver dem Schreiben zu widmen. Er nahm das Angebot seiner Schwester Ottla an und arbeitete abends und nachts in einem kleinen Häuschen in der Alchimistengasse, welches sie für sich gemietet hatte.
Im Winter 1916/17 entstanden in dieser stillen und einsamen Umgebung unter anderem die Erzählungen *Ein Landarzt, Auf der Galerie, Ein Brudermord* und *Das nächste Dorf.*
Die Sprache in Kafkas Werken unterschied sich eklatant vom sonst verbreiteten schwülstigen Stil der Prager Schule.

Kafkas Prosa: knapp, kühl, distanziert und wortarm

Kafkas Prosa war knapp, kühl, distanziert und wortarm. Von den Zeitgenossen wurde das zum Teil mit Anerkennung, aber auch mit Unverständnis zur Kenntnis genommen. Allein Max Brod glaubte zunächst an das literarische Genie, das in Kafka steckte. Er war enger Freund und Förderer Kafkas. So schrieb Stefan Zweig[16] über Max Brod:

> „*Man fragt ihn nach seinem Werke: Statt aller Antwort rühmt er einen völlig unbekannten Franz Kafka als den wirklichen Meister neuzeitlicher Prosa und Psychologie.*"[17]

Max Brod ermunterte den zögernden, schüchternen Kafka dazu, den gemeinsamen Freunden aus seinen Werken vorzulesen und neue Arbeiten zu beginnen. Er verhalf Kafka zur Publikation seiner Werke und verhinderte immer wieder Kafkas gänzlichen Abschluss von der Umwelt.

---

16 Zweig, Stefan: geboren am 28. 11. 1881 in Wien. Er beging in Petrópolis bei Rio de Janeiro am 23. 02. 1942 Selbstmord. Der österreichische Schriftsteller und Übersetzer emigrierte 1938 erst nach Großbritannien und dann nach Brasilien. Seine Novellen wie beispielsweise *Amok* (1922), *Angst* (1925) oder *Schachnovelle* (1927) sind von der Psychoanalyse beeinflusst. Er wollte mit seinen Texten die Gemütszustände des modernen Menschen unter der Oberfläche einer bürgerlichen Fassade darstellen.

17 Rowohlts Bildmonographie, *Franz Kafka*, S. 61

Kafkas Werke erfuhren erst nach Kafkas Tod eine bescheidene öffentliche Wirkung, als Max Brod, der als Nachlassverwalter fungierte, Kafkas Manuskripte gegen dessen verfügten Willen, sämtliche Werke zu vernichten, veröffentlichte.

> *„Eine breitere öffentliche Wirkung setzte jedoch erst nach dem Zweiten Weltkrieg ein, als die gesammelten Werke und Briefe (1955 ff.) in der Bundesrepublik erschienen und Kafkas Werk als Deutung der eigenen bedrängten Nachkriegssituation aufgefasst und reklamiert wurde. Zu seinen Lebzeiten erschienen nur einige wenige Prosastücke im Druck, die ihn zum Geheimtipp eines kleinen Kreises von literarischen Kennern machten."*[18]

Sowohl Zeitgenossen als auch Leser der Folgezeit haben betroffen auf Kafkas Texte reagiert, denn die poetischen Texte enthielten ganz offensichtlich immer auch private Erfahrungen Kafkas, die Kafka allerdings so verarbeitete, dass sie allgemeinen Charakter annahmen.

> *„Kafkas Konflikt mit dem Vater, der ihn unfähig zu einem bürgerlichen Leben im Sinne der Eltern machte und seine psychische und soziale Entwicklung bestimmte, ist ein Reflex auf den in der bürgerlichen Kleinfamilie herrschenden Autoritarismus, unter dem Kafka zwar in extremem Maße gelitten hat, wie er aber in ähnlicher Form auch von zahlreichen anderen bürgerlichen Intellektuellen erlebt und gestaltet worden ist. [...] Im Gegensatz zu den vordergründigen, auf Effekt und spektakuläre Verletzung bürgerlicher Tabus bedachten Stücken [...] liefern Kafkas Texte einen Beitrag zum Verständnis des Generationskonflikts, indem sie die deformierenden* [= entstellenden] *Rückwirkungen dieses Konflikts auf das Individuum mit der Genauigkeit eines Psychogramms aufzeichnen und damit dem Leser zugänglich machen."*[19]

---

18 *Illustrierte Geschichte der Deutschen Literatur*, S. 366

19 *Illustrierte Geschichte der Deutschen Literatur*, S. 366

Von seinen Erzählungen ist *Die Verwandlung* noch heute wohl die bekannteste und auch die bitterste, denn: „*Trotz der scheinbar unbeteiligten Erzählweise schwingt hier Mitleid mit der unverschuldeten Qual des Menschen mit.*“[20]

Kafkas Werke erreichen heute Bestsellerzahlen

Über siebzig Jahre nach Kafkas Tod im Jahre 1924 gilt der Autor heute als moderner Klassiker. Die Ausgaben seiner Werke erreichen Bestsellerzahlen; so wurde zum Beispiel *Der Prozess* als Taschenbuchausgabe bis 1983 über 800.000 Mal verkauft. Seine Werke sind in viele Sprachen übersetzt worden und Gegenwartsautoren sprechen vom Einfluss, den Kafka auf ihr literarisches Schaffen hat. Während Kafka also zu Lebzeiten selbst an seinen Werken zweifelte und eine große Außenwirkung ausblieb, hat sich seine Position in der Literaturgeschichte heute umgekehrt. Es gibt kaum einen Schüler, der im Unterricht nichts von Kafka liest, sei es im Deutsch-, Literatur-, Pädagogik- oder Philosophieunterricht.

> *„Die komplizierte Wirkungsgeschichte Kafkas hängt sicherlich mit ihren Voraussetzungen in der äußeren Geschichte zusammen, aber auch mit der Tatsache, dass kaum ein anderer moderner Autor so unterschiedlich verstanden und interpretiert wurde wie er: biografisch, politisch, sozialgeschichtlich, psychologisch und psychoanalytisch, religiös oder existenzialphilosophisch. Offenbar entzieht sein Werk sich eindeutiger Interpretation. Durch diese Erfahrung wurde es zum Musterbeispiel modernen Literaturverständnisses überhaupt, dass nämlich der Sinn eines Literaturwerks nicht nur und nicht eindeutig vom Text festgelegt wird, sondern sich erst aus der Wechselwirkung zwischen Text und Leser jeweils ergibt. […] Die seit dem Zweiten Weltkrieg anhaltende Wirkung Kafkas*

---

20 *Wissen im Überblick – Die Literatur*, S. 585

zeigt andererseits, dass moderne Leser bis heute in Kafkas Texten eigene Erfahrungen und Vorstellungen wieder zu erkennen glauben."[21]

Besonders den frühen Prosastücken Kafkas wie zum Beispiel *Betrachtung* (1913) merkt man die Nähe zum Tagebuch an und auch vielen frühen Erzählungen wie *Das Urteil* (1913) ihre verschlüsselte autobiografische Bedeutung.
Sogar wenn etwas scheinbar Absurdes wie in *Die Verwandlung* (1915) erzählt wird, wo sich ein Mensch in einen Käfer verwandelt, spürt der Leser den Bezug zu Kafkas realem Leben.

„*Manche Geschichten lesen sich wie traditionelle Novellen, allerdings über hintergründige Begebenheiten (z. B. ‚In der Strafkolonie', 1919). Fast immer aber entsteht der Eindruck einer nicht ganz aufzulösenden Spannung zwischen Verständlichkeit und Unverständlichkeit; zwischen konkreten Fakten, Personen und Abläufen einerseits, einer Abstraktion, die das Konkrete für irgendetwas Gedachtes transparent macht, andererseits; schließlich aber auch zwischen Präzision und logischer Strenge und Brüchen der Wahrscheinlichkeit, Kausalität und Logik.*"[22]

Kafkas Erzählungen scheinen realistisch. Die Beschreibungen von Räumlichkeiten, Personen, Dingen etc. sind sehr detailliert. Dabei gibt es immer auch Aspekte, die unmöglich erscheinen.

Die Erzählungen enthalten eine Parabel

Die Erzählungen enthalten immer auch eine Botschaft oder Parabel, die der Leser erst finden muss. Die Intention ist nicht offensichtlich.

21 *Epochen der deutschen Literatur*, S. 424
22 *Epochen der deutschen Literatur*, S. 424

> *„So scheinen Vieldeutigkeit und Widersprüchlichkeit das Verhältnis zwischen Autor, Text und Leser insgesamt zu bestimmen. Kafkas Erzählmethode besteht sehr oft im dialektischen Wechsel zwischen Entwürfen einer vorgestellten Wirklichkeit und Problematisierungen dieser Entwürfe.“*[23]

Kafka folgt der jüdischen Tradition

Deshalb fühlt sich der Leser ständig dazu aufgefordert, einen Sinn zu ermitteln. Der einmal ermittelte Sinn kann aber durch das Weiterlesen wieder in Frage gestellt werden. Damit folgt Kafka der jüdischen Tradition, die Texte nie als eindeutige Konstrukte zu betrachten, sondern als Ideenlieferanten, die zum Nachdenken und Diskutieren über Deutungsmöglichkeiten anregen sollen.

23 *Epochen der deutschen Literatur*, S. 424

2. Textanalyse und -interpretation

2.1 Die Verwandlung

2.1.1 Entstehung und Quellen

Kafka unterrichtete seine Verlobte Felice über jede Phase der Entstehung der Erzählung.
In einem Brief an Felice vom 17. 11. 1912 schreibt Kafka, er habe seine kleine Geschichte *Die Verwandlung* schon fast beendet. Es fehlten nur noch ein paar Stunden zu ihrer Beendigung. Dass sich Kafka dann doch sehr schwer tat mit der Erzählung, zeigt der folgende Brief an Felice vom 18. 11. 1912:

> „*Grade setze ich mich zu meiner gestrigen Geschichte mit einem unbegrenzten Verlangen, mich in sie auszugießen, deutlich von aller Trostlosigkeit aufgestachelt. Von so vielem bedrängt, über dich in Ungewissem, gänzlich unfähig, mit dem Büro auszukommen, angesichts dieses seit einem Tag still stehenden Romans* [Amerika] *mit einem wilden Wunsch, die neue gleichfalls mahnende Geschichte fortzusetzen, seit einigen Tagen und Nächten bedenklich nahe an vollständiger Schlaflosigkeit und noch einiges weniger Wichtige, aber doch Störende und Aufregende im Kopf.*“[24]

Die Geschichte hatte sich verselbständigt

Er hatte sich und die Erzählung falsch eingeschätzt. Die „kleine Geschichte“ wurde zu einer immer umfangreicheren Erzählung, mit der er selbst immer unzufriedener wurde. Die Geschichte hatte sich verselbständigt, wie es schien.
Die aus drei Teilen bestehende Erzählung wurde im Mittelteil in der Nacht vom 30. auf den 31. November beendet. Den

24 Heller, Erich u. a. (Hrsg.): *Franz Kafka – Über das Schreiben*, S. 52

dritten Teil beendete Kafka nur eine Woche später, in der Nacht vom 6. auf den 7. November.

Erst drei Jahre nach Beendigung der Erzählung wird diese in der monatlich erscheinenden Zeitschrift *Die weißen Blätter* abgedruckt, denn Kafka war zunächst unsicher, ob er *Die Verwandlung* veröffentlichen sollte.

Hinsichtlich der Quellen für die vorliegende Geschichte gibt es in der Literaturwissenschaft unterschiedliche Hinweise:

> „*Im Blick auf mögliche literarische Vorlagen zur ‚Verwandlung' ist zu sagen, dass keinerlei direkter genetischer Zusammenhang mit Ovids Metamorphosen und vergleichbaren Verwandlungsvorgängen im Märchen besteht, wie* [...] *oft behauptet wurde.*"[25]

Maßgeblich beeinflusst haben Kafka beim Verfassen der Geschichte mit Sicherheit seine eigene biografische Situation zur Zeit ihres Entstehens – Kafka befürchtete, Felice würde sich von ihm trennen:

> „[Kafka] *verfiel in Trauer und Trostlosigkeit und war, wie der melancholische Gregor Samsa, zunächst unfähig, das Bett zu verlassen. Gregors vergebliche Werbung um die Kassiererin eines Hutgeschäfts (Felice trug auffällige Hüte und war in der Registratur eines Unternehmens beschäftigt) stimmt thematisch zu dieser biografischen Ausgangslage.* [...] *Als bildhafte Repräsentation der angeführten Verfluchung, also der vom Vater verursachten Vertreibung aus der Gemeinschaft* [...], *taucht schon am 21. November 1911 im Tagebuch die Formulierung auf, er, Kafka, fühle sich ‚mit einem Fußtritt aus der Welt geworfen'* [...]"[26]

---

25 Hartmut Binder: *Kafka – Kommentar zu sämtlichen Erzählungen*, S. 155/156

26 Hartmut Binder: *Kafka – Kommentar zu sämtlichen Erzählungen*, S. 153/154

Des Weiteren beeinflussten ihn Werke von Edgar Allan Poe[27] und E. T. A. Hoffmann[28]. Besonders Hoffmanns Romanfragment (2 Bände, 1819–1822) *Die Lebensansichten des Katers Murr* weisen auffällige Ähnlichkeiten zu *Die Verwandlung* auf, da in beiden Schriften die Tiermetapher elementarer Bestandteil ist.
Einige thematische Aspekte hat Kafka aus Dostojewskijs[29] Roman *Der Doppelgänger* übernommen.

2.1.2 Inhaltsangabe

Der Junggeselle Gregor Samsa lebt in einer kleinbürgerlichen Familie bestehend aus seinen Eltern und seiner Schwester. Er arbeitet als Handlungsreisender im Betrieb seiner Eltern, durch den diese verschuldet sind. Samsas Leben ist trostlos und die Arbeit ist eine leidvolle Pflicht. Besonders unter dem ständigen Reisen hat Samsa zu leiden. Er sorgt sich täglich um die Zuganschlüsse, isst unregelmäßig und schlecht. Gregor Samsa will nur so lange arbeiten, bis die Schulden seiner Eltern getilgt sind. Er sehnt sich in seiner Familie nach Liebe und Geborgenheit und hat neben der Familie keinerlei zwischenmenschliche Beziehungen. Sein Leben ist geprägt von der unbefriedigenden Arbeit, sogar in seiner Freizeit beschäftigt er sich höchstens ab und zu mit Laubsägearbeiten.

27 Edgar Allan Poe: Der amerikanische Dichter wurde am 19. 01. 1809 in Boston geboren und starb am 07. 10. 1849 in Baltimore. Seine Gedichte sind von starker Emotionalität und unstillbarer sehnsüchtiger Melancholie bestimmt. In seinen Kurzgeschichten geht es vorwiegend um psychische Zwangslagen und dämonische Mächte.

28 Ernst Theodor Amadeus Hoffmann: Der deutsche Dichter, Komponist, Zeichner und Maler wurde am 24. 01. 1776 in Königsberg geboren und starb am 25. 06. 1822 in Berlin. Der gelernte Jurist verbindet in seinen Werken eine realistische Alltagswelt mit spukhafter Geisterwelt. Bewusstseinsspaltung und Doppelgängertum spielen in seinen Erzählungen und Romanen eine wichtige Rolle. Sein phantastischer Realismus beeinflusste die europäische Literatur.

29 Fjodor Michailowitsch Dostojewskij: Der russische Schriftsteller wurde am 11. 11. 1821 in Moskau geboren und starb am 09. 02. 1881 in Petersburg (Leningrad). Seine Werke sind stark beeinflusst von seiner Zeit in sibirischer Gefangenschaft (1856). Die Figuren seiner Werke kämpfen leidenschaftlich für das Gute und die Menschlichkeit und gegen die Macht des Bösen.

Samsa wacht morgens als Ungeziefer auf

Die eigentliche Geschichte beginnt nach diesen wichtigen Vorabinformationen mit der Feststellung, Samsa sei morgens als Ungeziefer in seinem Bett aufgewacht.
Im Folgenden erfährt der Leser von den Auswirkungen dieses ungewöhnlichen Ereignisses, welches die gewöhnliche Welt der Kleinfamilie verändert.
Die Familie ist entsetzt und angeekelt, dennoch sieht sie zunächst im Insekt noch immer den Bruder bzw. den Sohn Gregor. Im Verlauf der Handlung aber distanziert sich die Familie mehr und mehr von der Vorstellung, es handele sich bei dem Käfer noch um das ihnen vertraute Familienmitglied. Gregor nimmt animalische Lebensweisen an. Er bewegt sich anders und ernährt sich anders; allerdings bleibt ihm sein menschliches Empfinden erhalten, d. h. er kann den Gesprächen der Familie folgen, die diese im Nebenzimmer führt, kann sich allerdings mangels menschlicher Sprache nicht mehr an diesen Gesprächen beteiligen. Mehr und mehr wird er vom Familienleben isoliert und schließlich eliminiert. (siehe 2.1.3).

2.1.3 Aufbau

Die Geschichte ist thematisch in drei Abschnitte zu unterteilen:

1. Abschnitt:

Da Gregor Samsa nicht zum Dienst erschienen ist, erkundigt sich der Prokurist der Firma nach seinem Verbleiben. Der in einen Käfer verwandelte Samsa fühlt sich vom Prokuristen als eine feindliche Macht bedroht. Zunächst erfährt er noch die Unterstützung seiner Schwester, aber auch sie und die Eltern distanzieren sich von Gregor, der mehr und mehr in eine Isolation gedrängt wird, die er in seinem Zimmer erlebt, in welches er vertrieben wird.

2. Abschnitt:

Der Vater will Gregor vernichten

Gregor schämt sich seiner selbst und verkriecht sich unter das Sofa. Während die Schwester zunächst das Ungewöhnliche in den gewohnten Alltag integriert und Gregor pflegt und versorgt, kann der Vater die außergewöhnliche Situation absolut nicht akzeptieren und will Gregor, in dem er nicht mehr seinen Sohn sieht, vernichten.

3. Abschnitt:

Familie distanziert sich von Gregor

Die Familie entschließt sich, die äußergewöhnliche Situation zu dulden. Sie distanziert sich von Gregor, welcher im separaten Raum dahinvegetiert, und übergibt dessen Betreuung einer fremden Person. Obwohl Gregor menschliche Züge aufweist, wenn er sich ergriffen vom Geigenspiel der Schwester für die Untermieter zeigt, wird er schließlich wie Abfall aus der Wohnung geschafft. Dadurch fühlt sich die Familie erlöst und schaut optimistisch in die Zukunft.

2.1.4 Personenkonstellation und Charakteristiken

Gregor Samsa

unverheiratet, lebt bei seinen kleinbürgerlichen Eltern

Der Protagonist der Erzählung ist unverheiratet und lebt zusammen mit seiner Schwester und seinen kleinbürgerli-

chen Eltern. Sein Leben verläuft ohne nennenswerte Ereignisse bis zu dem Tag, an dem er sich in einen Käfer verwandelt.
Vor der Verwandlung arbeitete er als Handlungsreisender.
Die Parallelen zu Franz Kafka sind auffällig. Auch Kafka empfand sich häufig als ausgeschlossen, so wie sich Samsa als Käfer von seiner Familie ausgeschlossen fühlt. Auch Kafka arbeitete ohne Freude an seiner Arbeit und sah diese wie Samsa als ein notwendiges Übel an, um Geld zu verdienen. Auch Kafka hatte wie Gregor Samsa ein distanziertes Verhältnis zu seinem Vater und fühlte sich von ihm ungeliebt.
Eine weitere eklatante Parallele zu Kafka ist das Problem der Schlaflosigkeit, die Kafka Zeit seines Lebens plagte. So heißt es in der vorliegenden Erzählung: *„Die Nächte und Tage verbrachte Gregor fast ganz ohne Schlaf.“* (S. 142, Z. 28 f.) und in einem Brief Kafkas an Felice vom 18. 11. 1912 zur Zeit der Entstehung der Erzählung: „[Ich bin] *seit Tagen und Nächten bedenklich nahe an vollständiger Schlaflosigkeit.*“[30]

Grete

Gregors Schwester Grete ist die erste, welche von Gregors Verwandlung erfährt. Sie reagiert mit Weinen als Zeichen ihrer Betroffenheit auf das ihr sich bietende Bild des Grauens im Zimmer ihres Bruders.

Schwester zunächst fürsorglich, einfühlsam und verständnisvoll

Gregor Samsas Schwester wird zunächst als fürsorglich, einfühlsam und verständnisvoll beschrieben. Sie sorgt für Gregors Ernährung und für Ordnung und Sauberkeit in seinem Zimmer. In ihrem Verhalten zeigt sich aber eine radikale Veränderung. Schließlich fordert sie resigniert und kaltherzig, Gregor solle aus der Wohnung entfernt werden.

---

30 Erich Heller u. a. [Hrsg.]: *Franz Kafka – Über das Schreiben*, S. 52

Sie sieht in ihm nicht mehr den Bruder, sondern nur noch ein unpersönliches „Es“:

> *„Ich will vor diesem Untier nicht den Namen meines Bruders aussprechen, und sage daher bloß: wir müssen versuchen, es loszuwerden. Wir haben das Menschenmögliche versucht, es zu pflegen und zu dulden, ich glaube, es kann uns niemand den geringsten Vorwurf machen.“* (S. 152, Z. 22–27)

Diesen Gedanken vertritt sie in einer Art Plädoyer vehement ihren Eltern gegenüber. Da sie sonst ergeben ihre Arbeit verrichtet hat, ohne sich je über die eigentliche Unzumutbarkeit zu beklagen, zeigt es, dass ihr die Situation über den Kopf gewachsen ist und sie sich mit der ihr zukommenden Aufgabe, den Käfer zu versorgen, überfordert fühlt.

Eltern

Eltern sind mit der neuen Situation überfordert

Die Eltern von Gregor sind kleinbürgerlich und mit der neuen Situation, welche unerwartet in ihre geordnete Welt hereinbricht, überfordert.
Die Hilflosigkeit der Eltern zeigt sich in ihren Reaktionen auf die Verwandlung ihres Sohnes:

> *„Die Mutter [...] sah zuerst mit gefalteten Händen den Vater an, ging dann zwei Schritte zu Gregor hin und fiel inmitten ihrer rings um sie herum sich ausbreitenden Röcke nieder, das Gesicht ganz unauffindbar zu ihrer Brust gesenkt. Der Vater ballte mit feindseligem Ausdruck die Faust, als wolle er Gregor in sein Zimmer zurückstoßen, sah sich dann unsicher im Wohnzimmer um, beschattete dann mit den Händen die Augen und weinte, dass sich seine mächtige Brust schüttelte.“* (S. 110, Z. 23–33)

Die Hilflosigkeit beider weicht auf Seiten der Mutter mehr und mehr Angst und Traurigkeit und beim Vater der Aggressivität und Strenge gegenüber dem in ein Ungeziefer verwandelten Sohn.
Während die Eltern sonst immer stolz auf ihren Sohn waren und die Tochter eher vernachlässigten, hat sich ihr Verhalten nun umgekehrt:

> *„In den ersten vierzehn Tagen konnten es die Eltern nicht über sich bringen, zu ihm hereinzukommen, und er hörte oft, wie sie die jetzige Arbeit der Schwester völlig anerkannten, während sie sich bisher häufig über die Schwester geärgert hatten, weil sie ihnen als ein etwas nutzloses Mädchen erschienen war."* (S. 128, Z. 34–S. 129, Z.5)

Nun sind sie auf Grete angewiesen, da sie ihnen Arbeit abnimmt, welche sie selbst nicht zu leisten im Stande wären.

Prokurist[31]

Der Prokurist repräsentiert die Außenwelt. Sein Besuch in der Wohnung der Familie bedeutet für Gregor das unheilvolle Zusammentreffen der Welt, in der er früher als Mensch lebte, mit der heutigen, in welcher er sich als Käfer seiner selbst schämt.

sehr dienstbeflissen und sehr souverän

Der Prokurist ist sehr dienstbeflissen und verlangt auch von anderen, dass ihnen die Arbeit wichtig ist. Er erscheint in seinem Reden und seiner Erscheinung sehr souverän. Das ändert sich jedoch eklatant, als er mit dem veränderten Gregor Samsa konfrontiert wird. Nun ist er unsicher, da seine sonst so streng geordnete Lebenswirklichkeit von etwas völlig Fremdem bedroht wird:

31 Prokurist: Er besitzt die sogenannte „Prokura" (lat.), d. h. die gesetzliche Vollmacht, ein kaufmännisches Gewerbe für dessen Inhaber zu betreiben und für die Firma zu unterschreiben.

> „[…] *da hörte er* [Gregor] *schon den Prokuristen ein lautes ‚Oh!' ausstoßen – es klang, wie wenn der Wind saust – und nun sah er ihn auch, wie er, der der Nächste an der Türe war, die Hand gegen den offenen Mund drückte und langsam zurückwich, als verteibe ihn eine unsichtbare, gleichmäßig fortwirkende Kraft.*" (S. 110, Z. 18–22)

Der Prokurist flieht daraufhin in Eile aus der Wohnung, was seine Angst vor dem Ungewohnten unterstreicht.

2.1.5 Stil und Sprache

Sprachliches Mittel/ Stil	Textbeleg	Erläuterung
Wettersymbolik	*„Gregors Blick richtete sich dann zum Fenster, und das trübe Wetter – man hörte Regentropfen auf das Fensterblech aufschlagen – machte ihn ganz melancholisch."* (S. 96, Z. 22–24)	Das beschriebene Wetter spiegelt die Stimmung der Hauptfigur wider.
Innerer Monolog	*„Ach Gott* […] , *was für einen anstrengenden Beruf habe ich gewählt* […]" – *„und hatte sogar einen besonders kräftigen Hunger."* (S. 97, Z. 7–S. 99, Z. 6)	Diese relativ lange Textpassage lässt den Rezipienten an den Gedanken Gregor Samsas teilhaben und sich in den Protagonisten hineinversetzen. Es wird dadurch Sympathie für ihn erzeugt, die bewirkt, dass man die

Sprachliches Mittel/ Stil	Textbeleg	Erläuterung
		nachfolgend beschriebenen Ereignisse wie Gregor als ausweglos und entwürdigend empfindet. Der vorliegende Textteil ist teils in der Ich-Form und teils in personaler Erzählform geschrieben. Es entsteht durch den Wechsel der Eindruck von objektiver Berichterstattung.
Beschreibung der Körpersprache	*„Aber der Prokurist hatte sich schon bei den ersten Worten Gregors abgewendet, und nur über die zuckende Schulter hinweg sah er mit aufgeworfenen Lippen nach Gregor zurück. Und während Gregors Rede stand er keinen Augenblick still, sondern verzog sich, ohne Gregor aus den Augen zu lassen, gegen die Tür, aber ganz allmählich, als bestehe ein geheimes Verbot, das Zimmer zu verlassen."* (S. 112, Z. 27–33)	Der bislang souverän auftretende Mann wird in Anbetracht der anormalen Situation stark verunsichert, was sich in seiner Gestik und Mimik ausdrückt. Da er der Situation nicht gewachsen ist, ist Flucht für ihn die einzige Möglichkeit einer Reaktion.

Sprachliches Mittel/ Stil	Textbeleg	Erläuterung
Irrealer Wunsch	*„Hätte Gregor nur mit der Schwester sprechen und ihr für alles danken können, was sie für ihn machen musste, er hätte ihre Dienste leichter ertragen;“* (S. 127, Z. 15–17)	In diesem Wunsch drückt sich Gregor Samsas ganze Misere aus. Er denkt noch immer wie der Mensch, der er vor der Verwandlung war, kann sich seiner Umwelt aber nicht verständlich machen. Dadurch ist seine Situation hoffnungslos und Gregor verzweifelt und unglücklich.
Metapher	*„Und wenn nun auch Gregor durch seine Wunde an Beweglichkeit wahrscheinlich für immer verloren hatte* [...].“ (S. 139, Z. 21 f.)	Die körperliche Wunde, welche Gregor nun wegen des unbedachten und aggressiven Verhaltens seines Vaters erleiden muss, ist äußeres Zeichen seiner seelischen Verletzung. Sie spiegelt wider, dass sich Gregor innerlich durch seine Familie verwundet fühlt, da sie sich angeekelt von ihm abwendet.

Sprachliches Mittel/ Stil	Textbeleg	Erläuterung
Kontrastierung	„[...] *fiel es Herrn und Frau Samsa im Anblick ihrer immer lebhafter werdenden Tochter fast gleichzeitig ein, wie sie in der letzten Zeit trotz aller Plage* [...] *zu einem schönen und üppigen Mädchen aufgeblüht war.*" (S. 160, Z. 29–S.161, Z. 1)	Die verwendeten Attribute „lebhaft", „schön", „üppig" und „aufgeblüht" widersprechen dem Erscheinungsbild ihres Bruders. Die durchweg positive Beschreibung Gretes hebt die negative Beschreibung Gregors noch hervor. Durch die eklatanten Unterschiede der beiden Geschwister erklärt sich der Umbruch im Denken der Eltern, die früher all ihre Hoffnungen für die Zukunft auf Gregor gelegt haben, nun aber auf Grete.

2.1.6 Interpretationsansätze

Es wird explizit in der Geschichte gesagt, dass es sich bei der Verwandlung des Gregor Samsa in einen Käfer nicht um einen Traum handelt (S. 96, Z. 10 f.). Deutungen, die in Kafkas phantastischer Vision also lediglich einen Traum sehen, machen es sich zu einfach und sind irrelevant.

Thema der Erzählung ist die Konfrontation des Normalen mit dem vollkommen Anormalen. Das Gewohnte wird durch die ungewohnte Situation in Frage gestellt.

Parallelen zum Leben Kafkas sind auffällig. Bereits die Wahl des Namens der Hauptfigur „Samsa" lässt Assoziationen zum Namen „Kafka" zu, obgleich Kafka selbst in einem Gespräch mit Gustav Janouch[32] Vorbehalte gegen dieses Assoziation äußert. Das Gespräch soll hier zur Erhellung der Erzählintention zitiert werden:

Parallelen zum Leben Kafkas sind auffällig

„Gespräch Kafkas mit Gustav Janouch: ‚Der Held der Erzählung heißt Samsa', sagte ich. ‚Das klingt wie ein Kryptogramm für Kafka. Fünf Buchstaben hier wie dort. Das S im Worte Samsa hat dieselbe Stellung wie das K im Worte Kafka. Das A –' Kafka unterbrach mich. ‚Es ist kein Kryptogramm. Samsa ist nicht restlos Kafka. Die Verwandlung ist kein Bekenntnis, obwohl es im gewissen Sinn eine Indiskretion ist.' ‚Das weiß ich nicht.' ‚Ist es vielleicht fein und diskret, wenn man über Wanzen der eigenen Familie spricht?' ‚Das ist natürlich in der guten Gesellschaft nicht üblich.' ‚Sehen Sie, wie unanständig ich bin?' Kafka lachte. Er wollte das Thema des Gesprächs erledigen. Das wollte ich aber nicht. ‚Ich denke, dass eine Bewertung anständig oder unanständig hier nicht richtig ist', sagte ich. ‚Die Verwandlung ist ein schrecklicher Traum, eine schreckliche Vorstellung.' Kafka blieb stehen. ‚Der Traum enthüllt die Wirklichkeit, hinter der die Vorstellung zurückbleibt. Das ist das Schreckliche des Lebens – das Erschütternde der Kunst. Jetzt muss ich aber schon heimgehen.'"[33]

---

32 Gustav Janouch war ein enger Vertrauter, welchem die Literaturwissenschaft die *Gespräche mit Kafka* (Frankfurt am Main, 1965) zu verdanken hat, die er schriftlich überlieferte. Diese Gespräche enthalten oftmals wichtige Informationen über das Denken und Empfinden Kafkas und geben Hinweise auf seine Erzählintention. An dieser Stelle sei auch Janouchs Buch *Franz Kafka und seine Welt* (Wien, 1965) empfohlen.

33 Heller, Erich/Beug, Joachim (Hrsg.): *Franz Kafka – Über das Schreiben*, S. 60 f.

Kafka gibt hier also den Bezug zu seiner Lebenswirklichkeit zu.
Die Wohnung wird so beschrieben wie die real existierende Wohnung der Familie Kafkas. Besonders eklatant aber ist die Beschreibung des dominanten Vaters, der in seinem Verhalten an Franz Kafkas Vater erinnert.
Kafka hatte immer das Gefühl, es seinem Vater nicht recht machen zu können und fühlte sich von ihm nicht anerkannt, ebenso wie Gregor Samsa sich von seiner Familie und insbesondere von seinem Vater nicht anerkannt fühlt. Gregor Samsas Situation als Ungeziefer, also als ein unwertes Geschöpf im Kreise der eigenen Familie, kann auf Kafkas Lebensgefühl übertragen werden. Man wird allerdings der Geschichte nicht gerecht, wenn man sie rein biografisch deutet.

Beschreibung der Isolation

Sie lässt sich verallgemeinernd deuten als Beschreibung der Isolation und der Hilflosigkeit.

2.2 Ein Bericht für eine Akademie

2.2.1 Entstehung und Quellen

Auch in der kleinen Geschichte *Ein Bericht für eine Akademie* spielt die Tiermetapher wie in einer Reihe anderer Geschichten Kafkas eine zentrale Rolle. Ebenso wie beim Verfassen der Erzählung *Die Verwandlung* war Kafka durch E. T. A. Hoffmann inspiriert. Hier lehnte er das kleine Prosastück an *Nachricht von den neuesten Schicksalen des Hundes Berganza* an, welches auf das Gespräch der Hunde Scipio und Berganza in Cervantes'[34] Erzählung zurückgeht. In Kafkas und Hoffmanns Texten finden sich Entsprechungen zu Cervantes' Novelle *Das Zwiegespräch der Hunde.*

Ein Bericht für eine Akademie entstand 1917. Am 19. 12. 1917 trug Elsa Brod den Text bei einem Treffen des „Clubs jüdischer Frauen und Mädchen" in Prag erstmals vor. Kafkas Freund und Förderer Max Brod lobte ihn in der wöchentlich erscheinenden Zeitschrift *Selbstwehr.*

2.2.2 Inhaltsangabe

Im Folgenden wird Rotpeter als Redner bezeichnet, da hier von einer Rede als Erzählform ausgegangen wird.

Der Redner berichtet über sein Leben als Affe

Der Redner, der den Mitgliedern der Akademie einen Vortrag hält, berichtet über sein Leben als Affe, der er vor fünf Jahren noch gewesen sei. Er berichtet über den Prozess, in welchem er sich vom Affen in einen Menschen verwandelte.

---

34 Saavedra Miguel de Cervantes: Der spanische Dichter wurde am 29. 09. 1547 in Alcalá de Henares geboren und starb am 23. 04. 1616 in Madrid. Sein Leben war bestimmt von Unglück und Armut. Durch Don Quijote de la Mancha wurde er zum Schöpfer des europäischen Prosaromans.

Als Affe wurde er einst gefangen genommen und eingesperrt. Im Käfig eingesperrt, gab es für den Affen keinen Weg in die Freiheit. Der Affe grübelte, wie er einen Ausweg finden könnte. Nach und nach eignet er sich die Verhaltensweisen der Menschen, die vor seinem Käfig sind, an und wird auf Grund dessen freigelassen. Nun fristet er sein Dasein als Mensch, der in einem Varieté als ehemaliger Affe vorgeführt wird. Sein äffisches Verhalten aber hat er nicht gänzlich abgelegt. Indiz dafür ist die Schimpansin, die nach den allabendlichen Varietévorstellungen auf ihn wartet. Insgesamt vermittelt der Redner den Eindruck, dass er nun zwar Mensch sei, mit dieser Situation aber nur insofern zufrieden ist, als er dadurch aus der Gefangenschaft entrinnen konnte. Gemeint ist die Gefangenschaft im Affenkäfig, denn auch als Mensch fühlt er sich noch gefangen.

2.2.3 Aufbau

Die Erzählung ist ganz wie eine Rede aufgebaut, wie bereits die Anrede *„Hohe Herren von der Akademie!“* (S. 322, Z. 1) zu Anfang erkennen lässt. Es bleibt offen, um welche Akademie es sich handelt. Der Anlass ist aber offenbar hoch offiziell, wie der streng formalistische Aufbau der Rede vermuten lässt.
In der Einleitung schildert der Redner sein Leben als Affe. Dann beschreibt er den Übergang zum Menschen und sein jetziges Dasein als Mensch. Am Ende reflektiert er seinen eigenen Werdegang und beendet die Reflexion mit der expliziten Nennung seiner Redeintention, wobei er die Adressaten direkt anspricht:

> *„Im Übrigen will ich keines Menschen Urteil, ich will nur Kenntnisse verbreiten, ich berichte nur, auch Ihnen, hohe Herren von der Akademie, habe ich nur berichtet.“* (S. 333, Z. 9 f.)

Die Rede berücksichtigt gängige Rhetorikmuster. So spricht der Redner immer wieder die Adressaten direkt an und verwendet zahlreiche rhetorische Wendungen.

2.2.4 Personenkonstellation und Charakteristiken

Der Redner Rotpeter als Affe

Der Affe lebte in einem Rudel an der so genannten „Goldküste“, d. h. in Afrika. Er wollte gerade an der Tränke trinken, als er von Mitarbeitern des Hamburger Zoos angeschossen wurde.
Zuvor hat er ein sorgenfreies Leben geführt, erst als er eingesperrt im Käfig sitzt, empfindet er sein Dasein als ausweglos. Was er als Affe wirklich empfand, kann der Redner fünf Jahre später nur vermuten:

> *„Ich kann natürlich das damals affenmäßig Gefühlte heute nur mit Menschenworten nachzeichnen und verzeichne es infolgedessen, aber wenn ich auch die alte Affenwahrheit nicht mehr erreichen kann, wenigstens in der Richtung meiner Schilderung liegt sie, daran ist kein Zweifel.“* (S. 325, Z. 26–31)

Sein Leben als Affe empfand der Redner als sinnlos ab dem Zeitpunkt seiner widernatürlichen Gefangenschaft und beschloss intuitiv, kein Affe mehr zu sein:

> *„Aber Affen gehören bei Hagenbeck an die Kistenwand – nun, so hörte ich auf, Affe zu sein. Ein klarer, schöner Gedankengang, den ich irgendwie mit dem Bauch ausgeheckt haben muss, denn Affen denken mit dem Bauch.“* (S. 326, Z. 8–11)

Der Redner Rotpeter als Zwitterwesen

Der Redner bezeichnet sich selbst nicht als einen Menschen, sondern als einen „freie(n) Affe(n)“ (S. 322, Z. 15), der sich vom Affendasein entfernt hat, wobei er zu Anfang der Rede sagt, dass ihn vom Dasein als Affe fünf Jahre trennten (S. 322,

Redner weiß selbst nicht, ob er noch ein Affe sei oder nicht

Z. 5 f.). Dieser Widerspruch zeigt, dass sich der Redner selbst nicht im Klaren darüber ist, ob er nun noch ein Affe sei oder nicht.
Da er auf Grund der Schüsse eine Narbe im Gesicht davongetragen hat und hinkt, zeugt sein Äußeres noch von seiner Vergangenheit als Affe, was nach außen seine Verbundenheit zu dieser Daseinsform demonstriert.
Heute erscheint der Redner tagsüber in Bezug auf sein Verhalten und Erscheinungsbild wie ein Mensch:

> „*Die Hände in den Hosentaschen, die Weinflasche auf dem Tisch, liege ich halb, halb sitze ich im Schaukelstuhl und schaue aus dem Fenster. Kommt Besuch, empfange ich ihn, wie es sich gebührt.*“ (S. 332, Z. 25–29).

Nachts jedoch legt er offenbar sein Menschsein ab und wird wieder zum Affen:

> „*Komme ich spät nachts von Banketten, aus wissenschaftlichen Gesellschaften, aus gemütlichem Beisammensein nach Hause, erwartet mich eine kleine halbdressierte Schimpansin und ich lasse es mir nach Affenart bei ihr wohlgehen.*“ (S. 332, Z. 32 – S. 333, Z. 3)

Der Redner ist also ein Zwitterwesen zwischen Mensch und Tier, wobei er die Vernunft und Reflexionsfähigkeit des Menschen besitzt und das armselige Dasein seiner Affenpartnerin durchschaut, weil er selbst einst nur ein Affe war:

> „*Bei Tag will ich sie nicht sehen; sie hat nämlich den Irrsinn des verwirrten dressierten Tieres im Blick; das erkenne nur ich und ich kann es nicht ertragen.*“ (S. 333, Z. 2–5)

2.2.5 Sachliche und sprachliche Erläuterungen

Achilles (S. 323, Z. 7)	Sohn des Myrmidonenkönigs Peleus und der Meergöttin Thetis. Thetis tauchte den Sohn nach einer Tradition in das Wasser des Styx, um ihn unverwundbar zu machen. Sie hielt ihn aber an seiner Ferse fest, wo er fortan verwundbar ist und wo ihn ein tödlicher Pfeil trifft.
Hagenbeck (S. 323, Z. 26 u. a.)	Der Hamburger Zoo wurde nach Carl Hagenbeck (10. 06. 1844–14. 04. 1913) benannt, dem deutschen Tierhändler, welcher die Tierhandlung seines Vaters zu einer der größten der Welt ausbaute. 1907 gründete er in Hamburg-Stellingen den nach ihm benannten Tierpark und leitete ein Zirkusunternehmen.

2.2.6 Stil und Sprache

Sprachliches Mittel/ Stil	Textbeleg	Erläuterung
Ich-Perspektive	Bsp.: *„Sie erweisen* ***mir*** *die Ehre,* ***mich*** *aufzufordern, der Akademie einen Bericht über* ***mein*** *äffisches Vorleben einzureichen."* (S. 322, Z. 2 f.)	Der Bericht wirkt authentisch durch den Erzähler, welcher in der Ich-Perspektive seine eigenen Erlebnisse schildert.

Sprachliches Mittel/ Stil	Textbeleg	Erläuterung
Redundanz	„***offen*** *gesprochen*" (S. 323, Z. 1 f.), „***offen*** *gesprochen*" (S. 323, Z. 3), „***Offenheit***" (S. 323, Z. 13), „*das* ***offene*** *Wort*" (S. 323, Z. 13), „*Alles liegt* ***offen*** *zutage*" (S. 324, Z. 20)	Die mehrfache Verwendung des Wortes „offen" im Zusammenhang mit der Einleitung des Berichts über die Verwandlung des Affen zum Redner soll den Wahrheitsgehalt des Redeinhalts betonen.
Nennung eines real existierenden Namens	„*Firma* ***Hagenbeck***" (S. 323, Z. 26 u. a.), „*im Zwischendeck des* ***Hagenbeck****'schen Dampfers*" (S. 324, Z. 29), „*Aber Affen gehören bei* ***Hagenbeck*** *an die Kistenwand*" (S. 326, Z. 8)	Der real existierende Familienname suggeriert, die surreale Geschichte habe sich wirklich zugetragen, was die Surrealität der Erzählung noch steigert.
Berichtsstil	Bsp.: „*Hohe Herren von der Akademie*" (S. 322, Z. 1), „*auch Ihnen, hohe Herren der Akademie, habe ich nur berichtet.*" (S. 333, Z. 9 f.)	Der sachliche Stil steht im Widerspruch zum emotionalen und unglaublichen Inhalt. Ein solcher Widerspruch ist typisch für Kafka. Er beschreibt etwas, was in der Realität nicht vorkommen kann, mit einer sachlichen und präzisen Sprache, was den Eindruck vermitteln

Sprachliches Mittel/ Stil	Textbeleg	Erläuterung
		soll, die erzählten Ereignisse hätten stattgefunden. Dies hat eine erhöhte Aufmerksamkeit des Rezipienten zur Folge.
Redundanz	Bsp.: *„Ich war zum ersten Mal in meinem Leben* ***ohne Ausweg****."* (S. 325, Z. 8 f.), *„In alledem nur das eine Gefühl:* ***kein Ausweg****."* (S. 325, Z. 26), *„Ich hatte doch so viele Auswege bisher gehabt und nun* ***keinen mehr****."* (S. 325, Z. 32 f.), *„Ich hatte* ***keinen Ausweg****."* (S. 326, Z. 5)	Die auffällig häufig wiederholte Aussage, dass der Protagonist keinen Ausweg in seiner Situation als Affe sah, betont die Intention seines Entschlusses, Mensch zu werden. Die Intention lag also nicht darin, wie die Menschen zu werden, sondern darin, kein eingesperrter Affe mehr sein zu müssen. Mensch zu sein sei für den Redner keineswegs erstrebenswert, wie er mehrfach betont.

2.2.7 Interpretationsansätze

Die Metapher des Käfigs steht für die Unfreiheit

In Kafkas Gesamtwerk sind Freiheit und Unfreiheit zentrale inhaltliche Aspekte. Die Metapher des Käfigs, die in der vorliegenden Geschichte verwendet wird, steht für die Unfreiheit schlechthin. Diese Gefangenschaft und Unfreiheit ist der Auslöser für den Affen, einen Ausweg zu finden, d. h. sich letztlich zu einem Menschen zu entwickeln. Der Redner spricht ganz bewusst nicht davon, dass er Freiheit gesucht habe, sondern er redet von einem Ausweg. Hinsichtlich der Freiheit der Menschen äußert sich der Redner skeptisch:

> *„Oft habe ich in den Varietés vor meinem Auftreten irgendein Künstlerpaar oben an der Decke an Trapezen hantieren sehen. Sie schwangen sich, sie schaukelten, sie sprangen, sie schwebten einander in die Arme, einer trug den anderen an den Haaren mit dem Gebiss. ‚Auch das ist Menschenfreiheit', dachte ich, ‚selbstherrliche Bewegung'. Du Verspottung der heiligen Natur!"* (S. 326, Z. 22–28)

Der Redner führt die menschliche Freiheit ad absurdum

Die hier beschriebene Situation ist nicht eben erstrebenswert und hat mit dem erhabenen Freiheitsgefühl wenig gemein. Der Redner führt die menschliche Freiheit ad absurdum, wie er im Bericht auch andere menschliche Verhaltensweisen als unsinnig und animalisch darstellt. So benehmen sich die Leute auf dem Schiff, welche sich mit dem Affen derbe Späße erlauben, alles andere als vernünftig. Sie bringen ihm bei Schnaps zu trinken und zu spucken und ergötzen sich daran, wenn der Affe solche Fähigkeiten unter Beweis stellt. Dabei wird der Affe in seinem Verhalten als ein vernünftigeres und weniger animalisches Wesen dargestellt als die Männer:

> „*Es war so leicht, die Leute nachzuahmen. Spucken konnte ich schon in den ersten Tagen. Wir spuckten einander dann gegenseitig ins Gesicht; der Unterschied war nur, dass ich mein Gesicht nachher reinleckte, sie ihres nicht.*" (S. 329, Z. 6–9)

Hier wird wie im gesamten Bericht ein ironisch-kritischer Blick auf die Menschen geworfen. So negativ aber die Menschen beschrieben werden, so versöhnlich wiederum ist allerdings auch der Schluss: „*Man sage nicht, es wäre der Mühe nicht wert gewesen.*" (S. 333, Z. 7 f.)
Warum es der Mühe wert gewesen ist, lässt der Redner offen. So überlässt Kafka es dem Leser, zu beurteilen, warum es wert sei, ein Mensch zu sein.

kafkaeskes Motiv der Freiheit und Unfreiheit

Neben dem kafkaesken Motiv der Freiheit und Unfreiheit geht es in der Erzählung auch um die Thematik des Folterns, welche sich auch in anderen Texten Kafkas finden lässt, beispielsweise in der Erzählung *In der Strafkolonie*, in welcher das Thema seinen Höhepunkt in einer sehr detaillierten Beschreibung findet[35]. In dem *Bericht für eine Akademie* wird das Foltermotiv ebenfalls sehr bildhaft veranschaulicht. Zunächst ist die Folterung scheinbar aus der Situation des Eingesperrtseins unabwendbar:

> „*Ich hockte deshalb mit eingebogenen, ewig zitternden Knien, und zwar, da ich zunächst wahrscheinlich niemanden sehen und immer nur im Dunkel sein wollte, zur Kiste gewendet, während sich mir hinten die Gitterstäbe ins Fleisch einschnitten.*" (S. 324, Z. 33–S. 325, Z. 4).

Dann geht die Folterung vom Menschen aus:

35 In diesem Zusammenhang sei hingewiesen auf den folgenden Erläuterungsband dieser Reihe: Urban, Cerstin: *Franz Kafka: Erzählungen II*, C. Bange Verlag, Hollfeld 2002

„Und zur Ehre meines Lehrers: Er war mir nicht böse; wohl hielt er mir manchmal die brennende Pfeife ans Fell, bis es irgendwo, wo ich nur schwer hinreichte, zu glimmen anfing." (S. 330, Z. 23–27).

Und als Steigerung der Folterqual fügt sich der Affe selbst Leid zu: *„Man beaufsichtigt sich selbst mit der Peitsche; man zerfleischt sich beim geringsten Widerstand."* (S. 331, Z. 30 f.)

Kritik an der menschlichen Spezies

Das Foltern als Verhaltensweise des Menschen wird hier, wie zuvor die menschliche Freiheit, in Frage gestellt und ad absurdum geführt, indem der Affe, welcher auf dem Weg ist, ein Mensch zu werden, sich selber foltert. Damit drückt sich abermals Kritik an der menschlichen Spezies aus.

2.3 Ein Hungerkünstler

2.3.1 Entstehung und Quellen

Handlung in der Welt eines Zirkus'

Die kurze Geschichte erschien im Jahre 1922. Wie in vielen Texten Kafkas spielt auch hier die Handlung in der Welt eines Zirkus'. Kafka hatte persönlichen Kontakt zu Schaustellern und Varietékünstlern und war fasziniert von der Welt, in der sie lebten und arbeiteten. Zu Kafkas Zeit traten wirklich so genannte „Hungerkünstler" auf, welche ihr Durchhaltevermögen bezüglich der Nahrungsverweigerung unter Beweis stellten. Diese Männer überboten sich in Hungerwettbewerben und galten beim Publikum als Sensation. Heute scheint ein solches Unterfangen abartig und unglaublich, vor dem Ersten Weltkrieg aber war eine Darbietung der geschilderten Art äußerst beliebt. Nach dem Krieg nahm das Interesse auf Grund der allgemein schlechten Lage der Menschen ab. Genau diesen Werdegang beschreibt Kafka in seiner Geschichte sehr detailgenau. Der beschriebene Hungerkünstler ist allerdings stark überzeichnet. Er unterliegt geradezu einer Sucht zu hungern und verliert dabei den Blick für die Realität.

2.3.2 Inhaltsangabe

Entwicklung im Leben eines Hungerkünstlers

Die Erzählung beschreibt die Entwicklung im Leben eines Hungerkünstlers vom beliebten und bestaunten Künstler, der erfolgreich in seinem Beruf ist, bis hin zu seinem ruhmlosen und entwürdigenden Ende.

Der beschriebene Hungerkünstler hungerte einst in einem Käfig und wurde für seine Leistung, vierzig Tage zu hungern, vom Publikum bewundert. Dabei ist die Hungerzeit in jedem Fall auf vierzig Tage begrenzt, obwohl der Künstler es nach eigenen Angaben weitaus länger ausgehalten hätte. Diese Tatsache zermürbt ihn, da er sein eigentliches Können nicht unter Beweis stellen kann. Nach der jeweiligen Hungerperiode fühlt er sich stets unzufrieden und melancholisch, was von den Leuten als Zustand der Entkräftung gedeutet wird.
Im Laufe der Jahre nimmt das Interesse an seiner Kunst immer weiter ab. Als alter Mann bleibt der Hungerkünstler seiner „Arbeit“ treu. Nun ist er in einem Käfig nahe der Stallungen der Zirkustiere untergebracht, wo ihn das vorbeiströmende Publikum in den Pausen der Vorstellung kaum beachtet, da die Tiere interessanter zu sein scheinen. Schließlich vergisst man den Hungerkünstler und nach seinem Tod wird ein Panther in seinem Käfig untergebracht, welcher in seiner Vitalität dem Hungerkünstler gänzlich ungleich ist.

gehungert, da er nie eine Speise gefunden, die ihm schmecke

Als kurz vor dem Tod des Hungerkünstlers ein Aufseher den Mann zwischen faulem Stroh zufällig findet, erfährt er, warum der Mann Zeit seines Lebens gehungert hat: Er habe nie eine Speise gefunden, die ihm schmecke.

2.3.3 Aufbau

Die Geschichte ist in zwei Teile gegliedert. Im ersten Teil erfahren wir in einem Rückblick, wie glanzvoll die Zeiten des Hungerkünstlers früher waren.
Im zweiten Teil wird seine heutige Lebenssituation beschrieben, die in ihrer Trostlosigkeit und Unmenschlichkeit der der

früheren Zeit vollkommen entgegensteht. Die Geschichte lebt vom starken Kontrast der beiden Teile.

Beschreibung der Hungerkunst zu verschiedenen Lebensphasen des Protagonisten

Es gibt in der vorliegenden Erzählung keinen eigentlichen Handlungsablauf, sondern lediglich eine Beschreibung der Hungerkunst zu verschiedenen Lebensphasen des Protagonisten. Die Beschreibung wird am Ende der Erzählung von kurzen Dialogen unterbrochen.

2.3.4 Personenkonstellation und Charakteristiken

Hungerkünstler

Die Titelfigur der Erzählung ist offenbar sehr ehrgeizig, was das Hungern anbelangt. Der Hungerkünstler möchte unbedingt unter Beweis stellen, dass er auch länger als die erlaubten vierzig Tage zu hungern im Stande wäre. Da ihm dieser Wunsch nicht erfüllt wird, wird er immer schlechtgelaunter. Die Anerkennung des Publikums ist ihm gleichgültig und so gerät er mehr und mehr in eine Depression:

> *„So lebte er mit regelmäßigen kleinen Ruhepausen viele Jahre, in scheinbarem Glanz, von der Welt geehrt, bei alledem aber meist in trüber Laune, die immer noch trüber wurde dadurch, dass niemand sie ernst zu nehmen verstand."* (S. 397, Z. 24–27)

Im Alter hungert er schließlich doch länger als die sonst übliche Zeit

Im Alter, als man den Hungerkünstler wegen mangelndem Interesse im Käfig vergisst, hungert er schließlich doch länger als die sonst übliche Zeit. Zum Aufseher sagt er aber dennoch, dass er nicht bewundert werden wolle (S. 403, Z. 14), und offenbart den wahren Grund für sein standhaftes Verhalten: *„weil ich nicht die Speise finden* *konnte, die mir schmeckt. Hätte ich sie gefunden, glaube mir, ich hätte kein Aufsehen gemacht und mich vollgegessen wie du und alle.“* (S. 403, Z. 23–25)

Publikum

Das Publikum wird von Kafka als sensationslüstern beschrieben. Doch nimmt sein Interesse mit der Zeit ab und selbst eine Sensation wie das ihm dargebotene Hungern ruft wenig Reaktionen hervor:

> *„Vierzig Tage etwa konnte man erfahrungsgemäß durch allmählich sich steigernde Reklame das Interesse einer Stadt immer mehr aufstacheln, dann aber versagte das Publikum, eine wesentliche Abnahme des Zuspruchs war festzustellen.“* (S. 395, Z. 11–15)

Eigenart der Menschen, auf Neues mit großem Interesse zu reagieren, sich aber relativ rasch daran zu gewöhnen

Hier beschreibt Kafka sehr treffend vom psychologischen Standpunkt die Eigenart der Menschen, auf Neues mit großem Interesse zu reagieren, sich aber relativ rasch daran zu gewöhnen und es als normal und somit uninteressant zu empfinden. Gerade in unserer heutigen schnelllebigen und von Massenmedien geprägten Zeit ist dieses Phänomen beim Publikum zu beobachten, so dass die Darstellung des Publikums auch heute noch verblüffend aktuell ist.

Eine Ausnahme hinsichtlich der Reaktion auf den gealterten Hungerkünstler sind die Kinder, welche im Gegensatz zu den abgeklärten Erwachsenen noch neugierig sind, und, wie der Hungerkünstler es empfindet, *„doch in dem Glanz ihrer forschenden Augen etwas von neuen, kommenden, gnädigeren Zeiten verrieten.“* (S. 401, Z. 17)

Impresario[36]

nur Marktwert interessant

Der Impresario ist ganz und gar Geschäftsmann, d. h. ihn interessiert nicht der Mensch, welcher hinter der Fassade des Hungerkünstlers steckt, sondern nur sein Marktwert. Er sorgt für die Ausstattung im jeweiligen Ausstellungssaal, setzt die Zeit des Hungerns fest, inszeniert eine Show nach Beendigung der Hungerperiode und macht Werbung für die nächste „Ausstellung".
Als das Interesse des Publikums für die Darbietung des Hungerkünstlers mehr und mehr abnimmt, nimmt auch das Interesse des Impresarios ab. Er kümmert sich nicht mehr um den Künstler, da er nicht mehr von ihm profitieren kann.

2.3.5 Stil und Sprache

Sprachliches Mittel/ Stil	Textbeleg	Erläuterung
Rhetorische Frage	*„Warum gerade jetzt nach vierzig Tagen aufhören?"* (S. 395, Z. 31 f.)	Die Antwort auf die Frage ist für den Rezipienten eindeutig. Die Verlängerung der Hungerperiode wäre tödlich. Für den Künstler jedoch ist die Frage durchaus ernst gemeint, ist er doch der Meinung, er könne länger hungern. Die Frage macht die

36 Impresario (ital.): Theater- bzw. Konzertunternehmer

Sprachliches Mittel/ Stil	Textbeleg	Erläuterung
		Besessenheit des Protagonisten von seiner Haupttätigkeit, dem Hungern, deutlich.
Steigerung/Wortspiel	„[...] *dass er, genau genommen, nur* ***ein Hindernis*** *auf dem Weg zu den Ställen war.* ***Ein kleines Hindernis*** *allerdings,* ***ein immer kleiner werdendes Hindernis****.*" (S. 402, Z. 1–4)	Hier spielt Kafka mit dem Wort „Hindernis", denn nicht nur das abstrakte Hindernis, d. h. das Problem der Zirkusdirektion mit der Unterbringung des Künstlers, sondern ganz konkret der Künstler selbst wird immer kleiner, nimmt mehr und mehr ab.
Paradoxon	*„‚Du hungerst noch immer?', fragte der Aufseher, ‚wann wirst du denn endlich aufhören?' ‚Verzeiht mir alle', flüsterte der Hungerkünstler."* (S. 403, Z. 5–8)	Dass der Hungerkünstler den Aufseher um Verzeihung bittet, wirkt paradox. Eher hätte es umgekehrt sein müssen. Hier zeigt sich, dass der Geisteszustand des Hungerkünstlers wegen der Ausnahmesituation, in der sich sowohl sein Körper als auch sein Geist befinden, nicht mehr normal ist. Ferner

Sprachliches Mittel/ Stil	Textbeleg	Erläuterung
		drückt sich hier seine ungeheure Bescheidenheit aus, mit welcher er seinem Publikum gegenübertritt.
Metapher	„[...] *und man begrub den Hungerkünstler samt dem Stroh. In den Käfig aber gab man einen jungen Panther*" (S. 403, Z. 29 ff.)	Der Hungerkünstler in der Apathie seiner letzten Lebenstage steht in totalem Kontrast zum aktiven Panther, der am Anfang seines Lebens steht. Der Panther ist eine Metapher für Vitalität und Stärke, Attribute also, welche denen des Hungerkünstlers widersprechen.

2.3.6 Interpretationsansätze

Grenzen seiner eigenen Existenz

Der Plan und Wunsch des Protagonisten, länger als vierzig Tage zu hungern, widerspricht den natürlichen Möglichkeiten eines Menschen, aber der Hungerkünstler ist diesem Gedanken fanatisch ergeben und davon gänzlich erfüllt. Er stößt damit bewusst an die Grenzen seiner eigenen Existenz, denn er setzt durch ein solches Handeln sein Leben aufs Spiel:

„Bei vollem Nahrungsentzug reichen die Energiereserven eines durchschnittlich ernährten, gesunden Menschen rund 50 Tage aus. Die ertragbare Hungerzeit ist abhängig von Flüssigkeitszufuhr, Umgebungstemperatur und dem zur Energiegewinnung vorhandenen Depotfett.“[37]

Der Protagonist in der vorliegenden Erzählung hungert ohne jegliche Flüssigkeitszufuhr. Zumindest während seiner letzten Hungerperiode im Zirkus, denn dort kümmert sich niemand um ihn. Das Hungern ist in diesem Sinne nicht möglich, muss also symbolisch gedeutet werden:

„Für Kafkas Seinsverständnis ist das, was diese drei Worte umschreiben, besonders bedeutungsvoll: Hunger, Stille und Lassen der Welt. Der Hunger darf aber nicht als ein bloß passives Sichverhalten gedeutet werden. Er ist aktive Anspannung voll hoher Konzentration auf die nicht gewusste Nahrung. Auch steht der Hunger keineswegs am ersten Beginn des Strebens nach Sein. Vor dem Hunger liegt das Fragen und die enttäuschende Erkenntnis, dass dem Fragen nicht geantwortet wird. […] Das Hungern, der Verzicht auf das Habenwillen des Erreichbaren, ist […] der entschlossene Schritt über das Leben hinaus zu einem Sein, dem einzig wahre Wirklichkeit zukommt. […] Doch auch das Hungern ist als etwas in der Welt Mögliches der Welt verhaftet und von deren Besitzwillen nicht frei. Ein wahres Sein wird zunächst vom Hungernden noch als etwas erstrebt, das er durch die Anspannung des Hungers herbeizwingen und dann besitzen möchte. Diese beiden Irrtümer kennzeichnen jenes Stadium des Seinverlangens, das Kafka ‚Hungern‘ nennt. Es sind notwendige Irrtümer, und aus den Erfahrungen und Einsichten, die dem Verlangenden mit dem immer ernsthafter werdenden Hungern zuwachsen, entwickeln sich die weiterführenden Haltungen des Stillwerdens und Lassens.“[38]

---

37 Meyers *Großes Taschenlexikon*, S. 87

38 Günter Heintz (Hrsg.): *Interpretationen zu Franz Kafka*, S. 58 f.

Abgesehen von diesem Aspekt des Hungerns sieht der Hungernde den Grund seines Martyriums darin, dass er bisher noch nicht die Speise gefunden habe, welche ihm schmecke. Das scheint ihn allerdings nicht zu stören, im Gegenteil erfreut er sich daran, wenn andere der Lust zu essen frönen:

> „*Am glücklichsten aber war er, wenn dann der Morgen kam, und ihnen auf seine Rechnung ein überreiches Frühstück gebracht wurde, auf das sie sich warfen mit dem Appetit gesunder Männer nach einer mühevoll durchwachten Nacht.*" (S. 394, Z. 6 ff.)

Hier zeigt sich eine Parallele zu Kafka, welcher in einem Brief an Felice eine ebensolche Empfindung beschreibt:

> „*Mein Verhältnis zu den Speisen und Getränken, die ich selbst niemals oder nur zur Not essen und trinken würde, ist nicht so, wie man es erwarten sollte. Ich sehe nichts lieber essen als solche Dinge. Wenn ich an einem Tische mit zehn Bekannten sitze und alle trinken schwarzen Kaffee, habe ich bei diesem Anblick ein Glücksgefühl. Fleisch kann um mich dampfen, Biergläser können in großen Zügen geleert werden [...] Würste [...] können aufgeschnitten werden [...] alles das tut mir überaus wohl [...] es ist die Ruhe, die gänzlich neidlose Ruhe beim Anblick fremder Lust.*"[39]

Abkehr vom vitalen Leben

Das bewusste Hungern der Hauptfigur als Abkehr vom vitalen Leben und als eine unnatürliche Form des Daseins entspricht dem zurückhaltenden und artifiziellen Lebensstil Kafkas.

39 Kafka, Franz: *Briefe 1902–1924*

2.4 Eine kaiserliche Botschaft

2.4.1 Entstehung und Quellen

Die Sage ist wie die Geschichte *Ein altes Blatt* Teil des Fragments *Beim Bau der Chinesischen Mauer.*

Bau der Mauer in China

In dieser Erzählung geht es um den Bau der Mauer in China, welcher in Teilabschnitten vorgenommen wurde. Ursprünglich war die Mauer zum Schutz gegen die Völker aus dem Norden gedacht. Erzähler der Geschichte ist einer der Bauleute, der erklärt, warum der Bau in Teilabschnitten, also zunächst mit Lücken, gebaut wurde. Das System habe sich wegen der menschlichen Natur angeboten, welche wohl überfordert wäre mit dem Bau einer unabsehbar langen und großen Mauer. Die Bauleute wären wohl verzweifelt an einem solchen Vorhaben. Den Zusammenhang der knapp vorgestellten Rahmenhandlung mit dem kurzen Text *Eine kaiserliche Botschaft* bildet der Bezug zum Kaiserreich, welches in der Rahmenhandlung und im hier vorliegenden Text als unsterblich und unvorstellbar groß beschrieben wird. Kafka selbst deklarierte *Eine kaiserliche Botschaft* als Sage[40].

Kafka hatte eine Affinität zu China

Franz Kafka hatte eine Affinität zu China. So gehörte das Büchlein *Im neuen China* (J. Dittmar, Köln, 1912) zu seiner Lieblingslektüre. Ebenso beeinflusste das Buch *Die Fruchtschale* (Hans Heilmann, München/Leipzig, 1905) sein Chinabild.

Hauptthema der Texte Kafkas über China ist das bedrohte Kaiserreich, so auch im uns vorliegenden Text.

40 Sage: Mündlich überlieferte Erzählung, welche an reale historische Ereignisse anknüpft.

2.4.2 Inhaltsangabe

Mitteilung einer Botschaft als letzte Handlung des Kaisers

Die Handlung vollzieht sich in Peking. Zunächst wird ein Untertan direkt angesprochen, welchem der Kaiser eine Botschaft per Boten hat übermitteln wollen. Die Mitteilung dieser Botschaft war die letzte Handlung des Kaisers in der Stunde seines Todes. Die Botschaft muss also von erheblicher Wichtigkeit sein, wenn der Kaiser in seiner Sterbestunde daran denkt. Vom Inhalt der Nachricht erfährt der Leser nichts.
Dann wird die Reise des Boten beschrieben, welcher sich im Palast auf den unendlichen Weg zum Untertan macht. Für den Boten ist es unmöglich, den Untertan jemals zu erreichen, welcher sehnsüchtig auf dessen Ankunft wartet.

2.4.3 Aufbau

Die Sage ist in zwei Teile gegliedert.
Der erste Teil (S. 305, Z. 1–19) beschreibt im Indikativ die reale Situation, d. h. die Erteilung des kaiserlichen Auftrags an den Boten, dem Untertan die Botschaft zu übermitteln und den Beginn der Reise des Boten.
Der zweite Teil (S. 305, Z. 19 bis Ende) beschreibt in einer Kontrastierung der Realität zum Idealbild vorwiegend im Konjunktiv die Unmöglichkeit der Auftragserfüllung.
Den Rahmen für beide Teile bilden der Einleitungs- und der Schlusssatz, in welchem der besagte Untertan jeweils direkt vom Erzähler angesprochen wird.

2.4.4 Personenkonstellation und Charakteristiken

Kaiser

schwach und auf dem Sterbebett liegend

Der Kaiser wird als schwach und auf dem Sterbebett liegend beschrieben. Noch in der Stunde seines Todes erteilt er einen Befehl, kommt also bis zum Ende seines Lebens seinen Aufgaben als Kaiser nach. Dass er im Angesicht seines Todes noch daran denkt, dem Boten den Auftrag zu erteilen, eine Nachricht zu übermitteln, zeigt, wie wichtig diese für ihn ist.

Untertan

Die Erzählung richtet sich an den Untertan, welcher direkt angesprochen wird. Die Unwichtigkeit seiner Existenz wird gleich zu Anfang des Textes betont:

> *„Dir, dem Einzelnen, dem jämmerlichen Untertanen, dem winzig vor der kaiserlichen Sonne in die fernste Ferne geflüchteten Schatten* [...].*"* (S. 305, Z. 1–3)

Die Attribute, welche hier dem Angesprochenen zugeschrieben werden, zeigen, dass er es eigentlich nicht wert ist, eine Botschaft des Kaisers zu erhalten. Gerade deshalb wird das Interesse auf den Inhalt der kaiserlichen Botschaft gelenkt. Auch der Untertan wartet sehnsüchtig auf die Ankunft des Boten: *„Du aber sitzt an Deinem Fenster und erträumst sie* [die Botschaft] *Dir, wenn der Abend kommt."* (S. 306, Z. 5 f.)
Der letzte Satz ist metaphorisch gemeint (s. Kapitel 2.4.5). Der Untertan steht für die Menschen, die sich von den Herrschenden angesprochen und ernst genommen fühlen wollen und deren Sehnsucht in dieser Hinsicht unerfüllt ist.

Bote

geht ehrgeizig seinem Ziel entgegen

Der Bote wird als „kräftig“ und „unermüdlich“ (S. 305, Z. 14) beschrieben, welcher ehrgeizig seinem Ziel entgegengeht. Hindernisse überwindet er ohne Probleme und setzt seinen einmal eingeschlagenen Weg fort, obwohl das Unterfangen offensichtlich sinnlos ist.
Trotz seines unglaublichen Einsatzes scheitert sein Vorhaben, die Nachricht zu übermitteln, was die Schwierigkeiten, die ihm begegnen, noch extremer erscheinen lassen.

2.4.5 Stil und Sprache

Sprachliches Mittel/ Stil	Textbeleg	Erläuterung
Metapher	*„dem jämmerlichen Untertanen, dem winzig vor der kaiserlichen **Sonne** in die fernste Ferne geflüchteten **Schatten**“* (S. 305, Z. 2 f.) / *„findet er* [der Bote] *Widerstand, zeigt er auf die Brust, wo das Zeichen der **Sonne** ist.“* (S. 305, Z. 17)	Die Sonne steht für die kaiserliche Lebenswelt und der Schatten für die des Untertanen. Die Sonne ist ein Bild für Schönheit, Wärme und Besonderheit. Im Kontrast dazu steht der Schatten.
Paraphrase	*„die Großen des Reichs“* (S. 305, Z. 12)	Hiermit sind bedeutende Leute wie etwa Politiker gemeint. Die Umschreibung kontrastiert die Winzigkeit (S. 305, Z. 2) des Untertanen.

Sprachliches Mittel/ Stil	Textbeleg	Erläuterung
Kontrastierung Ideal – Realität	*„Öffnete sich freies Feld, wie würde er fliegen und bald wohl hörtest du das herrliche Schlagen seiner Fäuste an deiner Tür.* ***Aber statt dessen*** *wie nutzlos müht er sich ab; immer noch zwängt er sich durch die Gemächer des innersten Palastes."* (S. 305, Z. 19–23)	Durch die Darstellung eines Idealbildes, eines irrealen Vergleichs, wird die Ausweglosigkeit der Realität noch verstärkt.
Metapher	*„Du aber sitzt an deinem Fenster und erträumst sie* [die Botschaft] *dir, wenn der Abend kommt."* (S. 306, Z. 5 f.)	Dieses Bild erinnert an die literarische Epoche der Romantik. Der Standpunkt am Fenster und das Träumen stehen in Werken dieser Epoche für eine unerfüllte Sehnsucht. Dass die Sehnsucht nach der kaiserlichen Botschaft unerfüllt bleibt, unterstützt die Temporalangabe „Abend". Hier ist im übertragenen Sinn der Lebensabend, d. h. das Lebensende gemeint.

2.4.6 Interpretationsansätze

Entfremdung zwischen Volk und Staat

Wenn man die vorliegende Parabel soziologisch deutet, ist in ihr die Entfremdung zwischen Volk und Staat beschrieben, welche für Kafka in Prag stets präsent war, da der Habsburgerstaat überaltert schien und den Bedürfnissen des Volkes nicht gerecht werden konnte.

> *„In der Parabel ‚Eine kaiserliche Botschaft' hat Kafka diesen Zustand mystifiziert: Der sterbende Kaiser schickt einen Boten aus, doch dieser zwängt sich nutzlos durch die Gemächer des inneren Palastes.* [...] *In dieser totalen Entfremdung von Volk und Staat war die Macht in den ‚Gemächern des inneren Palastes' kaum erkennbar und schien sich fortwährend zu verändern. Wie die Macht jeweils verteilt war, zwischen dem Monarchen, den aristokratischen Gutsbesitzern, den Banken und der Industrie, den Gruppierungen innerhalb des ‚Herrenvolkes' und der anderen Nationen, den Konservativen und Liberalen, den Klerikalen und Deutschnationalen, war unbestimmt.*"[41]

Im letzten Satz der Parabel (*„Du aber sitzt an deinem Fenster und erträumst sie* [die Botschaft] *dir, wenn der Abend kommt."* S. 306, Z. 5 f.) äußert sich demnach die Hoffnung des Volkes auf Annäherung an den Kaiser. Die Hoffnung erweist sich aber als unbegründet, denn es heißt zuvor, dass der Bote niemals den Untertan erreichen werde (S. 306, Z. 2). Hier drückt sich Kafkas negative bzw. skeptische Haltung gegenüber der Monarchie aus.

41 Heintz, Günter: *Interpretationen zu Franz Kafka*, S. 88

2.5 Ein altes Blatt

2.5.1 Entstehung und Quellen

Einfall der Nomaden in das chinesische Kaiserreich

Die Erzählung gehört ebenfalls in den Kontext des Fragments *Beim Bau der Chinesischen Mauer*. Die Handlung spielt zur Zeit der chinesischen Mauer und des Einfalls der Nomaden in das chinesische Kaiserreich aus dem Norden. Beschrieben wird detailliert die Bedrohung des Kaiserreichs durch die Nomaden.

Kafka war nachweislich beeinflusst von den Memoiren der Gräfin Thürheim mit dem Titel *Mein Leben. Erinnerungen aus Österreichs großer Welt*, als er den Nomadeneinfall beschrieb, denn die Gräfin berichtet darin von der Ankunft der Kosaken in Wien und von deren rauen Sitten. Auch ein Band chinesischer Lyrik, der Kafka in einer Übersetzung von Hans Heilmann vorlag und in dem von rohen Barbaren die Rede ist, war Grundlage der kleinen Erzählung.

2.5.2 Inhaltsangabe

Nach einer kurzen Einleitung, in welcher die Sorgen um das Vaterland genannt werden, wird die verheerende Situation beim Einfall der Nomaden in das Kaiserreich beschrieben.

Erzähler ist ein Handwerker

Erzähler ist ein Handwerker und Untertan des Kaiserreichs, der sich vom Kaiser in der bedrohlichen Zeit, in welcher bewaffnete Nomaden die Stadt besetzen und die Bürger dazu bringen, sich vor Angst in ihren Häusern zu verschanzen, allein gelassen fühlt. Die Nomaden werden als Tiere und kulturlos beschrieben.

Sowohl die Untertanen des Kaisers als auch der Kaiser selbst, welcher sich offenbar am Fenster des Palastes zeigt, sind mit der Situation überfordert und wissen nicht, wie sie mit ihr umgehen sollen. Die Zukunft ist ungewiss.

2.5.3 Aufbau

Die kleine Erzählung beginnt mit einer Exposition (S. 307, Z. 1–4), in welcher ein Überblick über die marode politische Situation des Staates in der Vergangenheit und Gegenwart gegeben wird. Es heißt, das Volk habe das Vaterland vernachlässigt.

Es folgt im Mittelteil (S. 307, Z. 5–S. 309, Z. 9) die Beschreibung der gegenwärtigen Situation, welche auf Grund dieser Vernachlässigung entstanden ist. Hier wird genau beschrieben, wie das Eindringen der Nomaden in die Stadt das Leben der Bevölkerung verändert und welche Auswirkungen es auf den Alltag hat.

Die kleine Erzählung schließt mit der Darstellung der ungewissen Zukunft (S. 309, Z. 10–19), welche der Erzähler pessimistisch betrachtet.

2.5.4 Personenkonstellation und Charakteristiken

Erzähler

Ich-Erzähler ist Schuster von Beruf

Der Ich-Erzähler der Geschichte ist Schuster von Beruf. Er berichtet vom Eindringen der Nomaden in die Stadt, welches er genauestens beschreibt. Er kann die Handlungen der in ihrem Verhalten wilden Nomaden nicht verstehen, da sie seinen eigenen, zivilisierten, gänzlich widersprechen. Es handelt sich bei ihm um einen dienstbeflissenen Geschäftsmann, welcher diszipliniert schon sehr früh morgens sein Geschäft öffnet (S. 307, Z. 6 f.). Zudem ist er im Gegensatz zu den Nomaden ordentlich und nimmt anfangs dafür sogar Gefahren auf sich:

> *„Wir* [die Geschäftsleute] *versuchen zwar manchmal aus unseren Geschäften hervorzulaufen und wenigstens den ärgsten Unrat wegzuschaffen, aber es geschieht immer seltener, denn die Anstrengung ist nutzlos und bringt uns überdies in die Gefahr, unter die wilden Pferde zu kommen oder von den Peitschen verletzt zu werden."* (S. 307, Z. 19–24)

Während er zunächst noch angestrengt versucht, sich mit den Nomaden zu verständigen (*„Du magst dir den Kiefer verrenken und die Hände aus den Gelenken winden"* S. 308, Z. 3/4), gibt er diese Bemühungen auf und resigniert schließlich. Am Ende der Erzählung zeigt sich, dass er hoffnungslos und hilflos hinsichtlich der aktuellen Lage ist:

> *„Der kaiserliche Palast hat die Nomaden angelockt, versteht es aber nicht, sie wieder zu vertreiben.* [...] *Uns Handwerkern und Geschäftsleuten ist die Rettung des Vaterlandes anvertraut; wir sind aber einer solchen Aufgabe nicht gewachsen; haben uns doch auch nie gerühmt, dessen fähig zu sein. Ein Missverständnis ist es, und wir gehen daran zugrunde."* (S. 309, Z. 11–19)

Hier spricht er als bescheidener Mann aus dem Volk, welcher sich vom Kaiser allein gelassen fühlt. Hinsichtlich der ausweglosen Situation, in welcher sich die Bewohner der besetzten Stadt befinden, fällt seine Kritik dem Kaiser gegenüber sehr milde aus.

Kaiser

Der Kaiser wird seiner Regierungsaufgabe nicht gerecht. Er hält sich zurück und überlässt sein Volk sich selbst.

Der Kaiser wird seiner Aufgabe nicht gerecht

Der Kaiser tritt nicht direkt in Erscheinung. Der Erzähler vermutet, den Kaiser in seinem Palast gesehen zu haben:

> *„Gerade damals glaubte ich den Kaiser selbst in einem Fenster des Palastes gesehen zu haben; niemals sonst kommt er in diese äußeren Gemächer, immer nur lebt er in dem innersten Garten; diesmal aber stand er, so schien es mir wenigstens, an einem der Fenster und blickte mit gesenktem Kopf auf das Treiben vor seinem Schloss."* (S. 309, Z. 4–9)

Dass sich der Kaiser sonst nie am Fenster zeigt, belegt seine Entfremdung vom Volk und angesichts der schrecklichen Umstände auch seine Feigheit.

Sein gesenkter Kopf drückt Scham aus. Aber obwohl er sich offenbar dafür schämt, nicht zu helfen, steht er dem Volk in der schlimmsten Zeit, als es ihn am meisten braucht, nicht zur Seite. In der Erzählung stellt der Erzähler unsichere Mutmaßungen über den Kaiser an. Sicher ist sich der Erzähler aber, dass der Kaiser mit der Situation überfordert ist: *„Der kaiserliche Palast hat die Nomaden angelockt, versteht es aber nicht, sie wieder zu vertreiben."* (S. 309, Z. 11–13) Der Kaiser ist somit – in den Augen des Ich-Erzählers – als Regent ungeeignet.

Nomaden

Die Nomaden werden als Tiere beschrieben

Die Nomaden werden als Tiere beschrieben. Sie leben ohne Obdach, verunreinigen den Marktplatz, bestehlen die Geschäftsleute und als Höhepunkt ihres unzivilisierten Verhaltens verspeisen sie sogar einen Ochsen bei lebendigem Leib.
Das hier geschilderte Benehmen ist derart unrealistisch, dass es sich um eine Metapher handeln muss. Die Nomaden sind Sinnbild für die Bedrohung des Vaterlandes. Sie machen die Bevölkerung hilflos und bewirken deren Resignation.

2.5.5 Stil und Sprache

Sprachliches Mittel/ Stil	Textbeleg	Erläuterung
Vergleich	*„Unter einander verständigen sie sich* ***ähnlich wie Dohlen****."* (S. 307, Z. 27)	Der Vergleich der Sprache der Nomaden mit der von Vögeln unterstützt das tierische und für normale Bürger nicht nachvollziehbare unzivilisierte Verhalten der Eindringlinge.
Kontrastierung	*„Bekämen die Nomaden kein Fleisch, wer weiß, was ihnen zu tun einfiele; wer weiß allerdings, was ihnen einfallen wird, selbst wenn*	Der erste Teil des Satzes steht im Konjunktiv, der zweite im Indikativ. Möglichkeit und wahrscheinliche Zukunft werden ge-

Sprachliches Mittel/ Stil	Textbeleg	Erläuterung
	sie täglich Fleisch bekommen." (S. 308, Z. 22–25)	genübergestellt. Dabei wird es dem Leser überlassen, sich vorzustellen, was in beiden Fällen geschehen könnte.
Vergleich	*„Wie Trinker um ein Weinfass lagen sie müde um die Reste des Ochsen."* (S. 309, Z. 2 f.)	Der Vergleich der Nomaden, welche einen Ochsen bei lebendigem Leib verspeisen, mit Trinkern, welche ein Weinfass leeren, wirkt befremdend. Wein zu trinken steht für Genuss, während der Verzehr eines lebendigen Tieres grausam anmutet. Der Vergleich betont die Unmenschlichkeit der Nomaden.
Personifikation	*„Der kaiserliche Palast hat die Nomaden angelockt* [...]." (S. 309, Z. 11 f.)	Hier steht der Palast für seine Bewohner. Offenbar scheut sich der Erzähler, dem Kaiser und seinem Hofstaat direkt Vorwürfe zu machen. Deshalb abstrahiert er hier. Es drückt sich die Untertänigkeit aus, die Kritik am Kaiser nicht duldet.

2.5.6 Interpretationsansätze

Bedrohung des Kaiserreichs

Motiv dieser kleinen Geschichte ist die Bedrohung des Kaiserreichs, welches ein Bild für Kafkas innere Situation sein könnte, da er sich häufig von seiner Außenwelt bedroht fühlte und sich als schutz- und hilfloses Opfer der gesellschaftlichen Umstände empfand. Die Situation des Ausgeliefertseins, die in zahlreichen Texten Kafkas zentrales Thema ist, kommt hier in ihrer Hoffnungslosigkeit sehr deutlich zum Ausdruck. Die folgende Textstelle ist von zentraler Bedeutung hinsichtlich der dargestellten Ausweglosigkeit:

> „*Was sie* [die Nomaden] *brauchen, nehmen sie. Man kann nicht sagen, dass sie Gewalt anwenden. Vor ihrem Zugriff tritt man beiseite und überlässt ihnen alles.*" (S. 308, Z. 9–12)

Die Szenerie wird nüchtern und detailgetreu beschrieben und wirkt gerade dadurch umso schrecklicher und intensiver. Beispielsweise wenn Kafka beschreibt, wie die Nomaden einen lebendigen Ochsen verspeisen, geht er so ins Detail, dass sich der Leser die schreckliche Szene bildlich vorstellen kann. Die dargestellte Lebensart der Nomaden ist den Tieren ähnlich. Sie leben unter freiem Himmel, scheinen alles zu essen, verunreinigen den Marktplatz und können sich nicht nach Art der Menschen verständigen. Ihre Sprache wird mit den Lauten von Dohlen verglichen.

Etwas gänzlich Anormales bricht in eine vertraute Welt ein

Typisch für Erzählungen Kafkas ist, dass etwas gänzlich Anormales in eine vertraute Welt einbricht, was die Bewohner dieser Welt hilflos werden lässt. In der vorliegenden Erzählung ist der Kontrast zwischen braven Bürgern und Angst einflößenden Eindringlingen eklatant. Während die Nomaden sich mit ihren

Waffen befassen und ihr Verhalten dem von Tieren gleichkommt, ziehen sich die Bürger brav zurück und überlassen ihre Stadt den Fremden, ohne sie zu verteidigen. Der Kaiser kommt den Bürgern nicht zu Hilfe, er ist selbst ratlos in der chaotischen Situation, die beherrscht wird von Aggression und Gewalt. Die Realität des Grausamen und die Aggression einer Übermacht wird durch eine nüchtern registrierende Sprache äußerst intensiv veranschaulicht.

3. Themen und Aufgaben

Für alle vorliegenden Erzählungen bietet sich die allgemeine Aufgabe einer Textanalyse an. Bei der Analyse der Kurzprosa sind folgende Aspekte zu untersuchen:

- Erzählerperspektive
- Tempus
- Sinn tragende Bilder
- Syntax
- Aufbau
- Leseerwartung

Es heißt in den Richtlinien des Faches Deutsch für die Oberstufe zur Bearbeitung von Erzählungen der uns vorliegenden Art:

> *„Prosaskizzen und kurze Prosastücke von Kafka, Kaschnitz, Frisch, Handke, Bichsel und Bobrowski bilden die zweite Textgruppe. Die Texte dieser Gruppe können nicht auf eine Definition gebracht werden. Sie haben indessen gemeinsame Züge. Sie bieten keinen mehr oder weniger deutlich erkennbaren Handlungszusammenhang. Vielmehr haben sie oft Skizzencharakter, alles dem Autor als unwesentlich Erscheinende wird weggelassen, und Reduktion wird zum Darstellungsprinzip. Oft werden Sinn tragende Bilder in den Mittelpunkt gerückt. Detailbeobachtungen und in pointierter Form vorgetragene reflektierende Aussagen wechseln – sich gegenseitig ergänzend – ab. Die Texte fordern den Leser durch den im Vergleich zu Kurzgeschichten höheren Grad von Offenheit noch stärker zur Reflexion heraus. Sie laden ein zum Nachdenken über die Existenz des Menschen in bestimmten Situationen.“*[42]

42 Richtlinien Deutsch, Gymnasiale Oberstufe, NRW, S. 163

Die folgenden Aufgaben berücksichtigen diesen Ansatz einer offenen Reflexion der Texte. Wenn genug Zeit ist, bietet sich ein Vergleich der Texte Kafkas mit anderen Texten seiner Zeit an. Dazu ist es notwendig, mit textanalytischen Begriffen und Methoden vertraut sowie in der Lage zu sein, reine Textbeschreibung und Interpretation zu unterscheiden, aber beides aufeinander zu beziehen.

3.1 Die Verwandlung

Die Lösungshilfen beziehen sich auf die Seiten der vorliegenden Erläuterung.

Thema: Biografische Bezüge
Aufgabe:

Untersuchen Sie die Beschreibung des Vaters der Erzählung und vergleichen Sie die Figur mit Kafkas Vater. Lassen sich Parallelen finden? Gibt es Unterschiede? Untersuchen Sie in diesem Zusammenhang auch die Beziehung des Protagonisten zu seinem Vater und vergleichen Sie diese mit Franz Kafkas Beziehung zu seinem Vater.	**Textgrundlage:** S. 99, 100, 104, 105, 108, 110, 116, 118, 123–126, 136–141, 150–153, 157–161
Für die Bearbeitung dieser Aufgabe ist es notwendig, sich mit Kafkas Biografie auseinanderzusetzen. Ganz besonders die Lektüre von Franz Kafkas *Brief an den Vater* bietet sich hier an.	**Lösungshilfe:** S. 25, 29, 30, 34

3.2 Ein Bericht für eine Akademie

Thema: Erzählstil
Aufgabe:
Formen Sie den vorliegenden Bericht in eine normale Erzählform um. Vergleichen Sie anschließend beide Texte. Was hat sich geändert? Warum hat Kafka als Erzählform den Bericht gewählt?

Textgrundlage:
S. 322–333

Lösungshilfe:
S. 47–49

3.3 Ein Hungerkünstler

Thema: Charakterisierung
Aufgabe:
Analysieren Sie den Charakter der Hauptfigur und untersuchen Sie die Beweggründe für das Hungern. Diskutieren Sie anschließend, ob die Darbietung einer so geschilderten „Kunst“ heute noch möglich wäre.

Textgrundlage:
S. 392–404

Lösungshilfe:
S. 55, 56, 59–61

3.4 Eine kaiserliche Botschaft

Thema: Bildhafte Sprache
Aufgabe:

Kafka beschreibt sehr genau den unendlichen Weg des kaiserlichen Boten. Setzen Sie die bildhafte Sprache in Bilder, Zeichnungen oder Collagen um und entwerfen Sie ein Titelbild für einen Erzählband, welches die Sage *Eine kaiserliche Botschaft* darstellt.

Textgrundlage:
S. 305 f.

Lösungshilfe:
S. 65–66

3.5 Ein altes Blatt

Thema: Surrealismus
Aufgabe:

Die Geschichte *Ein altes Blatt* enthält wirklichkeitsfremde Elemente. Finden Sie solche Elemente und untersuchen Sie deren Wirkung auf den Leser.

Textgrundlage:
S. 307–309

Lösungshilfe:
S. 74, 75

3.6 Die Erzählungen im Vergleich

Thema: Essen und Hunger

Aufgabe: In den Erzählungen *Die Verwandlung, Ein Bericht für eine Akademie, Ein Hungerkünstler* und *Ein altes Blatt* wird das Essen und Trinken bzw. der Hunger thematisiert. Welche Bedeutung kommt diesem Thema in den Erzählungen zu? Lassen sich Bedeutungsparallelen und Unterschiede feststellen? Belegen Sie Ihre Ergebnisse anhand der jeweiligen Texte.

Textgrundlage: S. 119, 308, 309, 329, 331, 332, 392–404

Lösungshilfen: S. 34, 46, 53, 54, 61, 72, 73

Thema: Ausweglosigkeit

Aufgabe: In allen fünf hier erläuterten Erzählungen spielt das Thema Ausweglosigkeit und Ausgeliefertsein eine zentrale Rolle. Wie wird es in den einzelnen Texten verdeutlicht? Finden Sie Beispiele und vergleichen Sie diese. In welcher Erzählung hat Ihrer Meinung nach Franz Kafka das Thema am besten umgesetzt? Begründen Sie Ihre Entscheidung.

Textgrundlage: alle Erzählungen

Lösungshilfen: S. 36, 39, 45, 49, 50, 63, 65, 70

Thema: Aktualität

Aufgabe: Diskutieren Sie, ob – und wenn ja, inwiefern – Kafkas Erzählungen heute noch aktuell sind. Erweitern Sie den geistigen Horizont eines heutigen Rezipienten? Finden Sie Beispiele zur Stützung Ihrer Meinung.

4. Rezeptionsgeschichte

wurde erst posthum populär

Franz Kafka fand bei den zeitgenössischen Lesern wenig Resonanz. Erst posthum wurde er bei den Lesern populär.

Die Schriftstellerkollegen seiner Zeit wussten Kafka allerdings schon zu seinen Lebzeiten zu würdigen. Kafkas Freund und Förderer Max Brod ging sogar soweit, ihn als den größten deutschen Schriftsteller zu rühmen. Aber auch namhafte Schriftsteller wie Hermann Hesse[43], Rainer Maria Rilke[44], Kurt Tucholsky[45] und Thomas Mann[46] bewunderten Kafkas Kunst, durch seine Werke Bilderwelten zu schaffen und ließen sich von ihm inspirieren.

43 Hesse, Hermann: Der deutsche Dichter wurde am 02. 07. 1877 in Calw geboren und starb am 09. 08. 1962 im schweizerischen Montagnola, wo er ab 1919 lebte. Hesse war stark beeinflusst von der Psychoanalyse und von der indischen Philosophie, sodass es in seinem Gesamtwerk, in welchem die Protagonisten stets empfindsame und ausgeprägte Charaktereigenschaften haben, um den Ausgleich zwischen Geist und Natur und um das Streben nach universaler Ganzheit geht. Hesse über Kafka: *„Ich glaube, dass zu jenen Seelen, in welchen die Vorahnung der großen Umwälzungen schöpferisch, wenn auch qualvoll zum Ausdruck kam, für immer auch Kafka wird genannt werden."* (*Kafka* Bildmonografie, S. 145)

44 Rilke, Rainer Maria: Der österreichische Dichter wurde am 04. 12. 1875 in Prag geboren und starb am 29. 12. 1926 in Val Mont/Montreux. Im Mittelpunkt von Rilkes Werken steht die Geistwerdung der Seele, welche sich nach Rilke über alles Außerpersönliche, auch Transzendentale (Gott, Tod) ausbreitet und sich eine beseelte Welt schafft. Rilke über Kafka: *„Ich habe nie eine Zeile von diesem Autor gelesen, die mir nicht auf das eigentümlichste mich angehend oder erstaunlich gewesen wäre."* (*Kafka* Bildmonografie, S. 145)

45 Tucholsky, Kurt: Der deutsche Schriftsteller wurde am 09. 01. 1890 in Berlin geboren und starb am 21. 12. 1935 in Hindås bei Göteborg in Schweden (Selbstmord). Der scharfsinnige Satiriker und Gesellschaftskritiker schrieb u. a. scherzhafte Lyrik. Tucholsky über Kafka: *„Franz Kafka. Wer das ist, wissen leider noch viel zu wenige ... Er ist ein Großsohn von Kleist – aber doch selbständig. Er schreibt die klarste und schönste Prosa, die zur Zeit in deutscher Sprache geschaffen wird."* (*Kafka* Bildmonografie, S. 144)

46 Mann, Thomas: Der deutsche Schriftsteller wurde am 06. 06. 1875 in Lübeck geboren und starb am 12. 08. 1955 in Kilchberg bei Zürich. Th. Mann stammt aus einer berühmten Literatenfamilie. Er gilt mit seinen psychologisch genialen Werken als einer der bedeutendsten Literaten des 20. Jahrhunderts. Th. Mann über Kafka: *„Er war ein Träumer, und seine Dichtungen sind oft ganz und gar im Charakter des Traums konzipiert und gestaltet; sie ahmen die alogische und beklommene Narretei der Träume, dieser wunderlichen Schattenspiele des Lebens, zum Lachen genau nach. Bedenkt man aber, dass das Lachen, das Träne-Lachen aus höheren Gründen, das Beste ist, was wir haben, was uns bleibt, so wird man mit mir geneigt sein, Kafkas liebevolle Fixierungen zum Lesenswertesten zu rechnen, was die Weltliteratur hervorgebracht hat."* (*Kafka* Bildmonografie, S. 145)

Literaturwissenschaft

In der Literaturwissenschaft teilen sich die Fronten. Während beispielsweise Walter Muschg und Wilhelm Emrich Franz Kafka bewundern und sein Werk lobend interpretieren, gibt es vehemente Gegner wie Konstantin Fadin und Max Walter Schulz, die Kafkas Gesamtwerk als dekadent, pessimistisch und abstrakt ablehnen.
Inzwischen zählt Kafka als einer der großen deutschen modernen Erzähler, dessen Werk in die Weltliteratur und in die Schulen Einzug gehalten hat.

> *„Kafka gilt neben Marcel Proust und James Joyce als einer der international wirksamen Erneuerer der Erzählkunst.* […]. *Kafka löste die Epik von der ‚realistischen' Perspektive des allwissenden Erzählers, indem er den Erlebnishorizont des Helden zum vorherrschenden Erzählprinzip machte.*“[47]

Die Rezeption seiner richtungsweisenden Literatur wurde allerdings zunächst durch die NS-Zeit unterbrochen. Erst nach dem Zweiten Weltkrieg gingen Literaturwissenschaftler an die Deutung seines Werkes, wobei allzu häufig nur die biografische Deutung im Vordergrund stand.

> *„Kafkas Grundthema, das anonymen Mächten ausgelieferte hilflose Individuum und seine durch verfremdete, ungewöhnliche Bilder gekennzeichnete Darstellungsweise haben die Weltliteratur nach 1945 maßgeblich beeinflusst.*“[48]

Im Folgenden wird eine kleine Auswahl an Literatur zur Rezeptionsgeschichte gegeben, die der weiterführenden Einarbeitung in das Thema dienen soll.

---

47 *dtv-Atlas zur deutschen Literatur*, S. 244
48 *Meyers Großes Taschenlexikon*, S. 109

Literatur zur Wirkungsgeschichte:

- **Binder, Hartmut** (Hrsg.): *Kafka Handbuch in zwei Bänden*, Stuttgart, 1979 (Band 2: Das Werk und seine Wirkung)
- **Born, Jürgen** (Hrsg.): *Franz Kafka. Kritik und Rezeption*, Frankfurt am Main, 1983
- **Goldstücker, Eduard**: *Die Aufnahme Franz Kafkas in der Tschechoslowakei*. In: Akzente, 1966

5. Materialien

Interpretationshinweise

Kafkas Werk kann nicht eindimensional gedeutet werden

Kafkas Werk kann nicht eindimensional gedeutet werden. Jeder einzelne Text muss hinsichtlich unterschiedlichster Aspekte untersucht werden, um Kafka gerecht zu werden.

Kafka hat seine Texte bewusst offen kreiert, d. h. er bietet dem Leser die Möglichkeit und auch die Notwendigkeit, die Texte für sich zu interpretieren. In Eigeninterpretationen seines Werkes verwendet Kafka deshalb meist das Wort *vielleicht*. Nichts liegt ihm ferner, als seine Leserschaft festzulegen. Er wollte zur Diskussion über sein Werk anregen und das ist ihm bis heute gelungen.

„Bei den Schwierigkeiten, die Kafka aufgibt, ist es verständlich, dass sich Interpreten an die Notizen in Tagebüchern, Briefen, Gesprächen und Berichten halten. Sie entwerfen eine biografische Situation, der erzählten [Situation] *parallel. Beide verweisen aufeinander, projizieren hinüber, spiegeln zurück, erhellen Gegenseitiges, analog* [= entsprechend], *aber nicht identisch. Denn die biografische Wirklichkeit, das geschichtlich gelebte Leben, ist Franz Kafka* [...], *die erzählte Welt ist eine andersartige, eine fiktive Welt, eine eigene neue Wirklichkeit, aufgestiegen zwar aus dem Geiste Kafkas, aber ihn übersteigend und von ihm gelöst. Sie dauert und lebt; Kafka der Mensch, ist tot. Die Gleichsetzung der biografischen mit der poetischen Wirklichkeit, etwa Georg Bendemann = Franz Kafka* [...], *führt irre, weil es Metabiografisches bloß auf Biografisches zurückführt, den Zirkel nach rückwärts schließt, anstatt das Werk ins Offene seiner Möglichkeiten zu entlassen. Auch die andere Gleichung, des Helden der Er-*

zählung mit dem Menschen unserer Zeit [...], *kann so nicht gestellt werden* [...]. *Die Aufschließung von der Sprache her, die literaturgeschichtliche Erläuterung und die deskriptive psychologisch-ontologische Entfaltung ergänzen einander. Kein Weg darf ausgeschlossen werden, wenn er geeignet ist, die Strukturen des Werkes zu erhellen.*"[49]

Ganz im Sinne dieser Ansicht soll die folgende Literaturliste eine Hilfestellung bei der Analyse von Kafkas Werk sein. Sie ist in vier verschiedene Themenbereiche untergliedert, die einen Teil des großen gesamten Themenspektrums ausmachen:

Ergänzende Literaturhinweise[50] zu unterschiedlichen Deutungsmustern

1. Theologische Deutungen:

- **Borchardt, Alfred**: *Kafkas zweites Gesicht. Der Unbekannte. Das große Theater von Oklahoma*, Nürnberg, 1960
- **Brod, Max:** *Verzweiflung und Erlösung im Werk Franz Kafkas*, Frankfurt am Main, 1959
- **Grenzmann, Wilhelm:** *Franz Kafka. Auf der Grenze zwischen Nichtsein und Sein*, in: W. G.: Dichtung und Glaube, Probleme und Gestalten der deutschen Gegenwartsliteratur, Bonn, 1960

2. Philosophische Deutungen:

- **Bense, Max:** *Die Theorie Kafkas*, Köln, 1952
- **Biemel, Walter:** *Philosophische Analysen zur Kunst der Gegenwart*, Den Haag, 1968

49 Weber u. a.: *Interpretationen zu Franz Kafka*, S. 7 f.
50 Aus: Heintz, Günter (Hrsg.): *Interpretationen zu Franz Kafka*, S. 231 f. (hier gekürzt)

- **Camus, Alfred:** *Die Hoffnung und das Absurde im Werk von Franz Kafka*, in: A. C.: Der Mythos von Sisyphos. Ein Versuch über das Absurde, Reinbeck, 1959

3. **Soziologische Deutungen:**

- **Bauer, Gerhard:** *Historisch-materialistische Literaturwissenschaft*, in: Alternative 15, 1972, Heft 84/85
- **Garaudy, Roger:** *Kafka, die moderne Kunst und wir*, in: F. J. Raddatz (Hrsg.): Marxismus und Literatur, Band 3, Reinbeck, 1969
- **Hermsdorf, Klaus:** *Kafka. Weltbild und Roman*, Berlin, 1961
- **Politzer, Heinz:** *Kafka mit der roten Nelke*, in: H. P.: Franz Kafka. Der Künstler, Frankfurt a. M., 1965

4. **Biografische Deutungen:**

- **Binder, Hartmut:** *Kafka in neuer Sicht – Mimik, Gestik und Personengefüge als Darstellungsform des Autobiografischen*, Stuttgart, 1976
- **Pasley, Malcom:** *Drei literarische Mystifikationen Kafkas*, in: J. Born u. a. (Hrsg.): Kafka-Symposion, Berlin, 1966 (2. Auflage)

„Kafkas Leser sollte nicht versuchen, einen feststehenden ‚Sinn' hinter den Erzählungen zu finden, sondern die erzählte Geschichte als Vorgang des Erzählens, der Sinnsuche und der Problematisierung mit vollziehen. Dass er dabei sein Lebensgefühl wiederfinden kann, hat sicherlich mehrere Gründe. Erstens entspricht diese Erzählweise und Verstehenserfahrung den krisenhaften Wirklichkeitserfahrungen der Zeit. Zweitens geben die Erzählungen dem Leser Spielraum für die Projektion eigener Erfahrungen. Schließlich zeichnen sich darin Grundmuster der

konkreten Erfahrung ab. In den typischen Situationen des Alltags- und Familienlebens, der Berufstätigkeit, der Beziehungen zur sozialen Umwelt oder Institutionen (wie Firma, Justiz, Regierung usw.) findet der Leser seine Rollenerfahrungen als Individuum und als Sozialwesen wieder, vor allem die, dass das Individuum sich in seiner Umwelt verunsichert oder gefährdet fühlt, dass es in einen Rechtfertigungszwang gerät oder dass die soziale Verständigung nicht gelingt. Darin vor allem hat Kafka offenbar wesentliche soziale Strukturen und Probleme der Gegenwart und die gesellschaftliche Erfahrung der Entfremdung erfasst."[51]

Kafkas Erzählweise

Parabeln

In vielen Analysen zu Kafkas Kurzgeschichten ist davon die Rede, dass es sich bei den Texten um Parabeln handelt, d. h. um lehrhafte Erzählungen, deren Bildebenen entschlüsselt werden müssen und die ihre allgemeine moralische Wahrheit anhand eines Beispiels verdeutlichen.
Kafkas „Parabeln" sind allerdings nicht eindeutig zu interpretieren.

„*Das Charakteristische an Kafkas Dichtung besteht aber gerade darin, dass kein eindeutig bestimmbarer Sinn mehr ‚hinter' ihren Erscheinungen, Vorgängen und Reden fixiert werden kann, d. h. dass das Universelle* [das Allgemeine] *Kafkas gerade nicht mehr in eine philosophische, theologische oder allgemein weltanschauliche Begriffsprache sich übersetzen lässt. Allegorie*[52] *und Parabel sind nur möglich vor dem Hintergrund einer fest umrissenen Religion, Philosophie oder Weltanschauung. Der Hintergrund der*

51 *Epochen der deutschen Literatur*, S. 425
52 Allegorie: Eine in der bildenden Kunst und Dichtung bildhafte Darstellung eines Begriffs oder Vorgangs mit direkter erkennbarer Verbindung zu diesem. auch: Sinnbild, Gleichnis

Kafka'schen ‚Parabeln' aber ist leer. Sein ‚Universelles' ist die Gesamtheit aller irdischen Erscheinungen, Lebens- und Denkmöglichkeiten selbst. [...] Die Bilderwelt Kafkas und seine scheinbar uneigentliche Sprache scheint also zwar noch Elemente des Allegorischen und Parabolischen zu enthalten. Aber dieses Allegorische und Parabolische lässt sich nicht mehr systematisch begrifflich ausdeuten, d. h. es handelt sich überhaupt nicht mehr um Allegorie und Parabel im strengen Sinn. Nur im Durchlauf durch sämtliche einzelnen Bilder und Aussagen selbst lässt sich der universelle Sinn des Werkes erschließen. [...] Diese Bilder und Gestalten sind ‚Symbole', die im anschaulich Besonderen bereits das Allgemeine mitenthalten im Unterschied zur Allegorie, die zum Allgemeinen erst das besondere Bild sucht."[53]

Kafkas neues Parabel-Verständnis ist ein Merkmal für eine bedeutende Wende in der modernen Dichtung.
Franz Kafka gilt neben Marcel Proust[54] und James Joyce[55] als Reformator der Erzählkunst.

---

53 Emrich: *Franz Kafka*, S. 76 ff.

54 Proust, Marcel: geboren am 10. 07. 1871 in Paris, gestorben in Paris am 18. 11. 1922. Der französische Schriftsteller hatte einen großen Einfluss auf die Entwicklung des europäischen Romans in unserem Jahrhundert. Proust hob beispielsweise im siebenteiligen Romanzyklus *Auf der Suche nach der verlorenen Zeit* (1913–1927) die chronologische Zeitfolge auf und schuf eine im Erinnerungsvorgang begründete Gleichzeitigkeit von Vergangenheit und Gegenwart.

55 Joyce, James: geboren am 02. 02. 1882 in Dublin, gestorben am 13. 01. 1941 in Zürich. Der irische Schriftsteller integrierte beispielsweise im Roman *Ulysses* (1922, dt. 1927) Gegenwart und Vergangenheit im inneren Monolog, welcher eine Verflechtung von Triebsteuerung und Vernunft aufdecken soll.

Literatur

Angesichts der Flut von Sekundärliteratur zu Kafkas Erzählungen gibt die folgende Literaturliste lediglich an, welche Werke für die Erstellung des vorliegenden Erläuterungsbandes verwendet wurden. Sie erhebt demnach nicht den Anspruch der Vollständigkeit!

Primärliteratur

Kafka, Franz: *Brief an den Vater*, Fischer Taschenbuch Verlag, Frankfurt am Main, 1996 (223.–229. Tausend)

Kafka, Franz: *Die Erzählungen*, Fischer Taschenbuch Verlag, Frankfurt am Main, 2001 (6. Auflage)
(Nach dieser Ausgabe wird zitiert.)

Kafka, Franz: *Tagebücher*, in: Franz Kafka, Gesammelte Werke, hrsg. v. Max Brod, Fischer Taschenbuch Verlag, Frankfurt am Main, 1993 (54.–57. Tausend)

Sekundärliteratur

Adorno, Theodor: *Noten zur Literatur*, Frankfurt am Main, 1958

Bark, Joachim u. a. (Hrsg.): *Epochen der deutschen Literatur*, Ernst Klett Schulbuchverlag, Stuttgart, 1995

Beicken, Peter: *Franz Kafka, Eine kritische Einführung in die Forschung*, Frankfurt am Main, 1974

Beicken, Peter (Hrsg.): *Franz Kafka „Die Verwandlung"*, Erläuterungen und Dokumente, Stuttgart, 1983

Beißner, Friedrich: *Franz Kafka. Der Dichter*, Stuttgart, 1958

Binder, Hartmut: *Kafka Kommentar zu sämtlichen Erzählungen*, Winkler, München, 1975

Born, Jürgen (Hrsg.): *Franz Kafka, Kritik und Rezeption*, Frankfurt am Main, 1983

Böing, Günther (Chefredaktion): *Wissen im Überblick – Die Literatur*, Verlag Herder KG, Freiburg, 1973

Brod, Max: *Über Franz Kafka*, Eine Biographie, Frankfurt am Main, 1966

Camus, Albert: *Die Hoffnung und das Absurde im Werk Kafkas*. In: Der Mythos des Sisyphos, Reinbeck, 1959

David, Claude: *Kafka und die Geschichte*. In: David Claude (Hrsg.): Franz Kafka – Themen und Probleme, Göttingen, 1980

Dietz, Ludwig: *Franz Kafka*, J. B. Metzlersche Verlagsbuchhandlung, Stuttgart, 1990 (2. Auflage)

Ecker, Egon: *Franz Kafka: Das Urteil, Vor dem Gesetz, Ein Hungerkünstler*, Joachim Beyer Verlag, Hollfeld, 1976

Emrich, Wilhelm: *Franz Kafka*, Athenäum Verlag, Frankfurt a. M./Bonn, 1970 (7. Auflage)

Heintz, Günter (Hrsg.): *Interpretationen zu Franz Kafka*, Klett-Cotta, Stuttgart, 1979

Heller, Erich/Beug, Joachim (Hrsg.): *Franz Kafka. Über das Schreiben*, Fischer Taschenbuch Verlag, Frankfurt am Main, 1983

Janouch, Gustav: *Gespräche mit Kafka, Aufzeichnungen und Erinnerungen*, Frankfurt am Main, 1968 (erweiterte Neuauflage)

Jens, Walther (Hrsg.): *Kindlers Neues Literatur Lexikon*, Kindler, München, 1990

Killy, Walther (Hrsg.): *Literatur Lexikon*, Bertelsmann Lexikon Verlag, Gütersloh/München, 1990

Salzer, Tunk (Hrsg.): *Illustrierte Geschichte der Deutschen Literatur*, Naumann & Göbel Verlagsgesellschaft, Köln, 1998

Schlingmann, Carsten: *Literaturwissen für Schule und Studium – Franz Kafka*, Reclam, Stuttgart, 1995

Schlosser, Horst Dieter (Hrsg.): *dtv-Atlas zur deutschen Literatur*, Deutscher Taschenbuch Verlag, München, 1983 (5. Auflage)

Weber, Schlingmann, Kleinschmidt: *Interpretationen zu Franz Kafka*, R. Oldenbourg Verlag, München, 1976 (6. Auflage)

Sonstige Medien

Im Folgenden werden einige Internetadressen genannt, bei denen man Informationen zu Kafkas Leben und Werk finden kann. Es wird kurz erläutert, was sich dort finden lässt.
Es sei darauf hingewiesen, dass das Medium Internet sehr schnelllebig ist und sich Änderungen ergeben können, die nicht absehbar sind. Generell lassen sich aber unter dem Stichwort „Franz Kafka“ in den diversen Suchmaschinen Adressen finden.

http://www.kafka.org
(Autor: Mauro Nervi) Fotos von Kafka, Prag u. a. Texte in Manuskriptform/Essays/Übersetzungen

http://www.kades.de/kafka
(Autor: Christoph Kasseckert) Biografie/Textsammlung/InterpretationenUnterrichtsmaterialien

http://www.geo.uni-bonn.de/members/pullmann/kafka/index.shtml
(Autor: Michael Pullmann) Leben/Bilder/Werke/Briefwechsel

http://www.gutenberg.informatik.uni-hamburg.de/kafka
25 Erzählungen alphabetisch nach Titeln sortiert

http://www.xlibris.de
Inhaltsangaben von und Kurzeinführungen in Kafkas Romane und Erzählungen

Bitte melden Sie dem Verlag „tote" links!

Ein weiteres modernes Medium zur Aufbereitung von literarischen Texten ist die CD-ROM. Im Folgenden werden Informationen über eine CD-ROM gegeben, welche die Erzählungen Kafkas zum Inhalt hat:

Franz Kafka: ***Erzählungen zum Werk***; CD-ROM, x-libris, München, 1996 (Bestellung über das Internet möglich unter: http://www.xlibris.de/CDROM/CDKafka/BSKa1.htm)

Neben dem ungekürzten Gesamtwerk von Franz Kafka enthält die CD-ROM eine Biografie mit Bildern und Selbstaussagen des Autors und zeitgenössischen Zitaten, Einführungen zu den einzelnen Werken mit Interpretationsanregungen, kurze Inhaltsangaben, eine Bibliografie, einen Kommentar zur literaturgeschichtlichen Epoche und eine Rezitation.

Eine weitere CD-ROM befasst sich in erster Linie mit Kafkas Erzählung *Die Verwandlung:*

Franz Kafka: ***Die Verwandlung***, Reclam, Stuttgart, 1995

Sie enthält neben Erläuterungen zum Werk auch biografische Angaben, Hyperlinks, einen Vortrag des Textes u. a.

Verfilmungen:

Die Verwandlung. BRD/Österreich (Verfilmung für das Fernsehen) 1975. Regie und Drehbuch: Jan Nemec.

Ein Bericht für eine Akademie. Österreich (Verfilmung für das Fernsehen) 1983. Regie W. Schmidt.

kurz & bündig

Bringt's auf den Punkt!

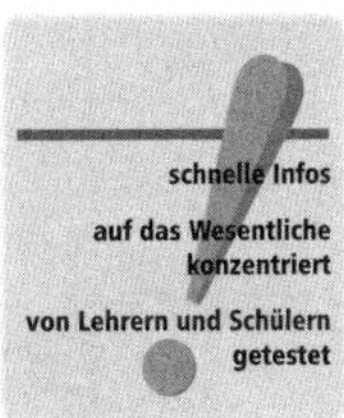

kurz & bündig
im praktischen Taschenbuch-Format 100 x 160 mm
Die Reihe ist für alle diejenigen konzipiert, die sich schnell auf eine bevorstehende Klassenarbeit oder eine Prüfungsklausur vorbereiten müssen. Wer Unterrichtsstoff zur eigenen Sicherheit nacharbeiten oder sich intensiv auf die nächste Unterrichtsstunde vorbereiten will, der findet in „kurz & bündig" genau den richtigen Lernpartner.

Thomas Brand, Thomas Möbius
Band 1
Erörterung – Sek I (Mittelstufe)
Best.-Nr. 1434-6

Thomas Möbius
Band 2
Erörterung – Sek II (Oberstufe)
Best.-Nr. 1435-4

Brand, Lödige, Möbius
Band 3
Bildbeschreibung, Charakteristik, Referat (Mittelstufe)
Best.-Nr. 1436-2

Thomas Möbius
Band 4
Textanalyse (Oberstufe)
Best.-Nr. 1437-0

Thomas Brand, Thomas Möbius
Band 5
Inhaltsangabe (Mittelstufe)
Best.-Nr. 1438-9

Hartwig Lödige
Band 6
Grammatik (Mittelstufe)
Best.-Nr. 1439-7

Thomas Möbius
Band 7
Kurzdiktate – 4. Sj.
Best.-Nr. 1449-4

Thomas Möbius
Band 8
Kurzdiktate – 5. Sj.
Best.-Nr. 1450-8

Thomas Brand
Band 9
Kurzdiktate – 6. Sj.
Best.-Nr. 1451-6

Thomas Brand
Band 10
Kurzdiktate – 7. Sj.
Best.-Nr. 1452-4

Thomas Möbius
Band 11
Die Facharbeit (Oberstufe)
Best.-Nr. 1453-2

Thomas Brand
Band 12
Protokoll, Schilderung, Kurzvortrag (Mittelstufe)
Best.-Nr. 1454-0

Walburga Freund-Spork, Winfried Freund
Band 14
Die Ballade
Best.-Nr. 1458-3

Sigrid Frank, Thomas Möbius
Band 15
ABC der literarischen Grundbegriffe (Drama, Epik, Lyrik)
Best.-Nr. 1459-1

Jeder Band
Euro 5,00[D] / 5,20 Euro[A] / sFr. 9,00

Bange Verlag

Aufsatz

Qualität, die überzeugt!

Alle Aufsatz-Bände liegen in der 2. aktualisierten Version vor

Die Aufsatz-Lernhilfen für die Klassenstufen 5–13 behandeln die wichtigsten Aufsatzformen der genannten Jahrgänge und decken somit wesentliche Schwerpunkte des Lehrplans ab.

Die Bände enthalten sowohl die wichtigsten Informationen zu den einzelnen Aufsatzthemen als auch zahlreiche Übungsmöglichkeiten. Die Übungen bauen aufeinander auf und sind auf der Grundlage aktueller, schülernaher und unterrichtsrelevanter Texte verfasst. Inhaltliche wie sprachlich-grammatische Aspekte werden in gleicher Weise berücksichtigt.

Ziel ist es, den Schülerinnen und Schülern ein selbstständiges, schrittweises Erlernen der Aufsatzformen zu ermöglichen, das zugleich, anhand der bereitgestellten Texte, auch Spaß machen kann.

Ein Lösungsteil ermöglicht die eigenständige Kontrolle und Verbesserung der Arbeitsergebnisse.

deckt alle Schwerpunkte des Lehrplans ab

schülernahe Texte

Übungen mit Lösungen

regt zum selbstständigen Arbeiten an

Hartwig Lödige
Aufsatz – für das 5.–6. Schuljahr
Sek I / RS / Gym (HS/AHS)
Sek 118 Seiten
Best.-Nr. 1421-4 **Euro 11,70 [D]**
12,10 Euro[A] / sFr. 20,20
Folgende Themen werden behandelt:
Die Erzählung / Der Bericht / Der Brief / Die Beschreibung / Umgang mit Texten

Thomas Brand
Aufsatz – für das 7.–8. Schuljahr
Sek I / RS / Gym (HS/AHS)
180 Seiten
Best.-Nr. 1422-2 **Euro 13,30 [D]**
13,70 Euro[A] / sFr. 23,20
Folgende Themen werden behandelt:
Inhaltsangabe (auch erweitert) / Bildbeschreibung / Schilderung / Protokoll / begründete Stellungnahme und Kurzvortrag

Thomas Brand, Hartwig Lödige,
Thomas Möbius
Aufsatz – für das 9.–10. Schuljahr
Sek I / RS / Gym (HS/AHS)
182 Seiten
Best.-Nr. 1423-0 **Euro 13,30 [D]**
13,70 Euro[A] / sFr. 23,20
Folgende Themen werden behandelt:
Informierende, berichtende, kommentierende Texte / Reportage / dialektische Erörterung / Geschäftsbrief / Charakteristik / Argumentationslehre / lineare Erörterung / Facharbeit / Referat

Thomas Möbius
Aufsatz – für das 11.–13. Schuljahr
Sek II / Gym (AHS)
Band 1
144 Seiten
Best.-Nr. 1424-9 **Euro 13,30 [D]**
13,70 Euro[A] / sFr. 23,20
Folgende Themen werden behandelt:
Die Inhaltsangabe / Die Erörterung / Die Textanalyse / Facharbeit

Thomas Möbius
Aufsatz – für das 11.–13. Schuljahr
Sek II / Gym (AHS)
Band 2
144 Seiten
Best.-Nr. 1425-7 **Euro 13,30 [D]**
13,70 Euro[A] / sFr. 23,20
Folgende Themen werden behandelt:
Die Textinterpretation / Epik / Lyrik / Drama / Textvergleich

Bange Verlag